Produktives Schreiben: Interpretieren durch Textproduktion

Arbeitstechniken und Lösungswege
zum Schreiben in der 9. und 10. Klasse
Ein Themenheft der Reihe TANDEM

Herausgegeben von: Jakob Ossner

Erarbeitet von: Helmut Alle, Dieter Berkemer, Rainer Fröbel, Henriette Hoppe, Sorin Michels und Jakob Ossner

© 2001 Ferdinand Schöningh, Paderborn

© ab 2004 Bildungshaus Schulbuchverlage
Westermann Schroedel Diesterweg Schöningh Winklers GmbH
Braunschweig, Paderborn, Darmstadt

www.schoeningh.de
Schöningh Verlag, Jühenplatz 1–3, 33098 Paderborn

Das Werk und seine Teile sind urheberrechtlich geschützt.
Jede Nutzung in anderen als den gesetzlich zugelassenen Fällen bedarf der
vorherigen schriftlichen Einwilligung des Verlages.
Hinweis zu § 52a UrhG: Weder das Werk noch seine Teile dürfen ohne eine
solche Einwilligung gescannt und in ein Netzwerk gestellt werden.
Das gilt auch für Intranets von Schulen und sonstigen Bildungseinrichtungen.

Auf verschiedenen Seiten dieses Buches befinden sich Verweise (Links) auf
Internet-Adressen. Haftungshinweis: Trotz sorgfältiger inhaltlicher Kontrolle wird
die Haftung für die Inhalte der externen Seiten ausgeschlossen. Für den Inhalt
dieser externen Seiten sind ausschließlich deren Betreiber verantwortlich. Sollten
Sie dabei auf kostenpflichtige, illegale oder anstößige Inhalte treffen, so bedauern
wir dies ausdrücklich und bitten Sie, uns umgehend per E-Mail davon in Kenntnis
zu setzen, damit beim Nachdruck der Verweis gelöscht wird.

Druck A [7 6 5] / Jahr 2008 07 06
Alle Drucke der Serie A sind im Unterricht parallel verwendbar.
Die letzte Zahl bezeichnet das Jahr dieses Druckes.

Umschlaggestaltung: INNOVA, Borchen
Druck und Bindung: westermann druck GmbH, Braunschweig

ISBN 13: 978-3-14-027119-6
ISBN 10: 3-14-027119-0

Inhalt

1. Einführung
Was ist produktives Schreiben? 4
Schreiben als Prozess 4
Führer durch das Arbeitsheft 5

2. Produktive Verfahren zum Interpretieren: Schreiben zu Texten

2.1 Vorgeschichten und Fortsetzungen schreiben (Kurzgeschichten)
Muster: *Peter Bichsel: Die Tochter* (Vorgeschichte) 8
Aufgabe mit Lösungshilfen: *Ernest Hemingway: Das Ende von etwas* (Fortsetzung) 15
Weitere Aufgaben 23

2.2 Perspektiven und Schreibformen wechseln (Erzählung und Groteske)
Muster: *Federica de Cesco: Spaghetti für zwei* (Ich-Perspektive) 24
Aufgabe mit Lösungshilfen: *Heinrich Böll: Mein trauriges Gesicht*
(Andere Schreibform) 33
Weitere Aufgaben 41

2.3 Parallel- und Gegentexte verfassen (Satiren)
Muster: *Art Buchwald: Vor Journalisten wird gewarnt* (Paralleltext) 42
Aufgabe mit Lösungshilfen: *Kurt Tucholsky: Die Kunst, falsch zu reisen* (Gegentext) 51
Weitere Aufgaben 57

2.4 Texte subjektiv verarbeiten (Romanauszüge)
Muster: *Max Frisch: Homo faber* (Tagebucheintrag) 58
Aufgaben mit Lösungshilfen: *Jakob Wassermann: Caspar Hauser*
(Innerer Monolog) 67
Weitere Aufgaben 73

2.5 Einen Handlungsstrang ausbauen (Dramenszenen)
Muster: *Gerhard Hauptmann: Die Weber* (Szene schreiben) 74
Aufgabe mit Lösungshilfen: *Georg Büchner: Woyzeck* (Literarischer Brief) 86
Weitere Aufgaben 92

2.6 Texte weiterverarbeiten (Sachtexte)
Johannes Lindner: Jugend ohne Arbeit (Eine Rede schreiben) 93
Aufgabe mit Lösungshilfen: *Hans Moravec: Die Roboter werden uns
überholen* (Rezension) 100
Weitere Aufgaben 108

3. Zum Nachschlagen: Glossar 109
3.1 Wissenswertes zum Schreiben 109
3.2 Literarische Begriffe 111

1. Einführung

Was ist produktives Schreiben?

Ausgangspunkt für *produktives Schreiben* ist immer ein Text.
Jeder Text kann, ja muss interpretiert werden: Was ist seine Botschaft? Was bedeutet diese und jene Textstelle, dieser und jener Ausdruck? Was sagt mir die Hauptfigur? Wie hätte ich mich verhalten? … und viele andere Fragen.
Im Laufe der Schulzeit lernt ihr, Texte zu interpretieren; dafür gibt es eine eigene Textsorte: die *Textinterpretation*, manchmal auch *Textbeschreibung* genannt. Im Grunde handelt es sich bei der Textinterpretation um eine *Texterörterung*, in der Inhalt und Form des Textes Gegenstand der Erörterung sind.
Eine andere Form der Textinterpretation ist das *produktive Schreiben*. Bei dieser Form schreibt ihr nicht **über** den Text, indem ihr ihn erörtert, sondern in der **Art und Weise** des Textes: Ihr schreibt eine Erzählung in der Art und Weise des Erzählers weiter oder erfindet zu ihr eine Vorgeschichte. Oder ihr nehmt einen Text als Ausgangspunkt, um ihn umzusetzen: Aus einem Sachtext wird eine Rede.
Kurzum, *produktives Schreiben* zeichnet sich dadurch aus, dass ihr selber produziert, dass ihr selber Autor/Autorin werdet.
Auch *produktives Schreiben* ist Interpretieren, aber ganz anders. Ihr nähert euch dem Text nicht von außen, sondern ihr bewegt euch in den Text hinein:

- Ihr schreibt die Vorgeschichte zu Peter Bichsels Kurzgeschichte und die Fortsetzung zu Hemingway.
- Ihr wechselt die Perspektive bei der Wandersage von Federica de Cesco und sucht eine neue Textform bei Heinrich Böll.
- Ihr verfasst eine Satire wie Art Buchwald und versucht gegen Kurt Tucholsky ernsthaft zu sein.
- Ihr schlüpft in die Rolle von Hanna in Max Frischs „Homo faber" und verfasst ihr Tagebuch und sinniert als Caspar Hauser über euer gerade entdecktes Ich.
- Ihr inszeniert einen Dialog zwischen dem Kandidaten Weinhold und dem Pastor Kittelhaus aus Gerhard Hauptmanns „Weber" und lasst als Woyzeck in eurem letzten Brief das Leben Revue passieren.
- Ihr tretet als Redner auf und rüttelt eure Hörer zum Thema „Jugend ohne Arbeit" auf; ihr beurteilt wie ein Journalist die Qualität eines Textes, indem ihr ihn rezensiert.

Das sind die Möglichkeiten, die wir euch **in diesem Heft** zeigen. Es gibt mehr als diese und vielleicht habt ihr in der Schule weitere und andere kennengelernt.
Wir haben uns hier auf das *produktive Schreiben* beschränkt; darüber hinaus gibt es aber auch szenische Produktionen von Pantomimen bis zu großen Theateraufführungen, visuelle Gestaltungen (Bilder, Collagen, Schriftgestaltung) und akustische Inszenierungen (von Hörszenen bis zum Musical).
Wir haben uns auf das *produktive Schreiben* beschränkt, weil dies auch ein Einzelner durchführen kann – und weil man hierbei das **Handwerk** produktiver Gestaltung besonders gut lernen kann.
Das ist im Wesentlichen das Anliegen des Heftes, euch eine möglichst präzise und wiederholbare Anleitung zu geben, wie ein produktives Thema bearbeitet werden kann.

Schreiben als Prozess

Auch *produktives Schreiben* ist Schreiben und daher ist es gut, wenn ihr euch zuerst Schreiben als eine komplexe Handlung vergegenwärtigt. Häufig denkt man, Schreiben bestünde nur aus dem, was geschieht, wenn man mit dem Stift in der Hand tätig wird oder mit den Fingern auf die Tastatur schlägt. Das ist zwar nicht falsch, aber zu wenig.
Beim *produktiven Schreiben* lernt ihr, dass Schreiben mit dem Lesen, ja dem genauen Lesen, beginnt und Lesen das Schreiben bis zum Schluss begleitet.

Einführung

Produktives Schreiben ist wie jedes Schreiben eine längere Angelegenheit, ein Prozess, wie es manchmal heißt:

- Ihr müsst den Ausgangstext, zu dem eure Produktion stattfindet, aufmerksam lesen und natürlich die Aufgabenstellung, die es zu diesem Text gibt.
- Ihr müsst euer Wissen aktivieren – bei literarischen Ausgangstexten euer literarisches Wissen, bei Sachtexten euer Wissen über Sachtexte.
- Ihr müsst sehen, wie ihr euer Wissen mit eurem Textverständnis vor dem Hintergrund der Aufgabenstellung zusammenbringt und
- ihr müsst euch Neues einfallen lassen.
- Ihr müsst euch für das Schreiben Ziele setzen, damit ihr wisst,
- was ihr schon während des Schreibens und nach der Niederschrift besonders überprüfen müsst.

Was haben wir euch an Hilfen gegeben, um diese Aufgaben zu bewältigen?
Ihr bekommt sechsmal zwei verschiedene Texte – zehn literarische und zwei Sachtexte – zu denen Aufgaben gestellt werden, wie sie im Unterricht oder in der Prüfung anfallen. Danach wird euch gezeigt, wie ihr euer Wissen, das ihr bereits erworben habt, aktivieren und einsetzen könnt, um den gegebenen Text auf die Themenstellung hin abzuklopfen und Ideen für den neuen Text, den ihr schreiben sollt, zu finden. Wir helfen euch, Schreibziele zu formulieren, sodass eure Textproduktion nicht wirr und ziellos verläuft und ihr Hilfen für die Überarbeitung in der Hand habt.
Beim jeweils ersten Text führen wir euch beispielhaft vor, wie es gehen könnte (= Muster) und stellen euch beim zweiten Text (= Aufgabe mit Lösungshilfen) Aufgaben und geben euch Hinweise für mögliche Lösungen. Beim jeweils ersten Text könnt ihr lernen, wie es überhaupt geht, indem ihr nachvollzieht, welche Lösungsmöglichkeiten wir euch bieten und indem ihr natürlich die Aufgaben löst, die wir gestellt haben. Beim jeweils zweiten Text wird mehr von euch erwartet.
Im Einzelnen instruiert euch der folgende *Führer durch das Arbeitsheft*.

Führer durch das Arbeitsheft

Wir haben uns bemüht, euch Schritt für Schritt Wege zu zeigen.
Im Folgenden zeigen euch die kommentierten Überschriften, was ihr in den einzelnen Kapiteln finden werdet, wie wir vorgehen und was wir damit bezwecken.

Die Kapitelüberschrift zeigt euch an, um welche produktive Aufgabe es jeweils geht und welche Textsorte ihr bearbeiten sollt.

2.1 Vorgeschichten und Fortsetzungen schreiben (Kurzgeschichten)

Es folgt der Text. *Muster* bedeutet, das nun am Beispiel des Textes und der Aufgabe eine Musterlösung gezeigt wird.

Peter Bichsel: Die Tochter

Es wird euch eine konkrete Aufgabe gestellt.

Aufgabe Schreibe eine Vorgeschichte zur Kurzgeschichte von Peter Bichsel. Beginne mit dem Ende der Schulzeit von Monika.

Einführung

Worauf zielt die Aufgabe?

Überschrift, die euch auffordert, die Aufgabenstellung genau zu lesen

- Unterstreiche die Schlüsselwörter der Aufgabenstellung.

- Gib den Inhalt so knapp wie möglich in eigenen Worten wieder.

- Setze den Ausgangstext in Beziehung zu dem von dir zu schreibenden Text.

Dieser Aufgabenblock wird so oder ähnlich bei jedem Text gestellt. Ohne die Bewältigung dieser drei Aufgaben kann kein neuer, eigener Text geschrieben werden.

Meine Werkzeuge für die Aufgabenstellung

Personen/Figuren	Äußere/innere Handlung
Zeit/Ort	Stimmung
Perspektive des Schreibens	Sprache/Stilmittel
Textsorte	

Euer Wissen wird aktiviert. Was in dem Kasten genannt ist, habt ihr gewöhnlich im Unterricht gelernt. Zur Festigung und Wiederholung findet ihr auch im Glossar Begriffserklärungen. Hier findet ihr literarisches Wissen, bei den Sachtexten sieht der Werkzeugkasten anders aus.

Was erfahre ich im vorliegenden Text für die Aufgabenstellung?

Jetzt wird der Ausgangstext daraufhin abgeklopft, was er euch an Informationen für die Aufgabenstellung bietet.

Ideen und Überlegungen für meinen Text

Für eure Textproduktion müssen neue Ideen hinzukommen.

Wie formuliere ich meine Schreibziele?

Genug der Vorarbeiten – nun kann es ans Schreiben gehen. Wie könnt ihr eure Schreibziele formulieren?

Wie formuliere ich den ersten Satz und wie geht es weiter?

Der erste Satz ist oft der schwierigste, daher geben wir euch hier eine Hilfestellung, wie man anfangen könnte.

Wie überarbeite ich meinen Text?

Noch eine Hilfestellung: Gesichtspunkte, Hinweise, wie ihr euren Text überarbeiten könnt.

Einführung

Ernest Hemingway: Das Ende von etwas

In dieser Abteilung findet ihr dasselbe Raster wie bei der Musterlösung. Wir stellen euch Aufgaben, geben Lösungshinweise, glauben aber, dass ihr, wenn ihr die Musterlösung ordentlich durchgearbeitet habt, die produktive Textaufgabe selbst lösen könnt. In jedem Fall geben wir euch an, ob die Lösung analog zur Mustereinheit ist oder machen euch darauf aufmerksam, wenn ihr andere Wege gehen müsst.

Unter der Überschrift „Worauf zielt die Aufgabe?" findet ihr als letztes Icon . Hier sollt ihr eure Aufgabe noch einmal formulieren. Wie das geht, steht in der Mustereinheit jeweils am Schluss dieses Teils.

 Hier ist eine Hürde, die ihr überwinden müsst. Wir erklären euch oder geben euch Hinweise, wie das betreffende Problem zu lösen ist.

Hier geben wir euch weitere Beispiele für produktive Aufgaben mit ein paar Hinweisen für Übungszwecke.

Durch die Anleitungen hindurch findet ihr Pfeile, die euch auf das Glossar verweisen:

▷ Schau nach unter: **Wissenswertes zum Schreiben**

▶ Schau nach unter: **Literarische Begriffe**

Sechsmal zeigen wir euch an verschiedenen Texten mit jeweils verschiedenen Aufgaben je eine Musterlösung und geben bei einer weiteren Aufgabe Lösungshilfen. Das Muster der Erarbeitung ist dabei immer dasselbe. Ist das nicht auf die Dauer langweilig?
Unser Rat: Arbeitet zuerst ein Kapitel aus *Musterlösung* und *Aufgabe mit Lösungshilfen* durch, versucht euch an den *weiteren Aufgaben*. Dabei müsst ihr nicht mit dem ersten Kapitel anfangen! Beim nächsten Kapitel wird es euch schon leichterfallen, produktive Textaufgaben zu lösen. Je sorgfältiger ihr am Anfang gearbeitet habt, umso leichter werden euch die Aufgaben im Folgenden von der Hand gehen, umso schneller werdet ihr. Je mehr ihr im Laufe der Zeit gelernt habt, desto weniger langweilig werden euch die Aufgaben vorkommen.

Für die *weiteren Aufgaben* müsst ihr manchmal Bücher aus einer Bibliothek besorgen – oder ihr sucht euch andere Texte. Das dürfte euch nicht schwerfallen, wenn ihr das ganze Kapitel bis dahin durchgearbeitet habt.

Wir jedenfalls wünschen euch viel Erfolg beim produktiven Schreiben!

2. Produktive Verfahren zum Interpretieren: Schreiben zu Texten

2.1 Vorgeschichten und Fortsetzungen schreiben (Kurzgeschichten)

Peter Bichsel: Die Tochter

Abends warteten sie auf Monika. Sie arbeitete in der Stadt, die Bahnverbindungen sind schlecht. Sie, er und seine Frau, saßen am Tisch und warteten auf Monika. Seit sie in der Stadt arbeitete, aßen sie erst um halb acht. Früher hatten sie eine Stunde eher gegessen. Jetzt warteten sie täglich eine Stunde am gedeckten Tisch, an ihren Plätzen, der Vater oben, die Mutter auf dem Stuhl nahe der Küchentür, sie warteten vor dem leeren Platz Monikas. Einige Zeit später dann auch vor dem dampfenden Kaffee, vor der Butter, dem Brot, der Marmelade.

Sie war größer gewachsen als sie, sie war auch blonder und hatte die Haut, die feine Haut der Tante Maria. „Sie war immer ein liebes Kind", sagte die Mutter, während sie warteten. In ihrem Zimmer hatte sie einen Plattenspieler, und sie brachte oft Platten mit aus der Stadt, und sie wusste, wer darauf sang. Sie hatte auch einen Spiegel und verschiedene Fläschchen und Döschen, einen Hocker aus marokkanischem Leder, eine Schachtel Zigaretten. Der Vater holte sich seine Lohntüte auch bei einem Bürofräulein. Er sah dann die vielen Stempel auf einem Gestell, bestaunte das sanfte Geräusch der Rechenmaschine, die blondierten Haare des Fräuleins, sie sagte freundlich „Bitte schön", wenn er sich bedankte.

Über Mittag blieb Monika in der Stadt, sie aß eine Kleinigkeit, wie sie sagte, in einem Tearoom. Sie war dann ein Fräulein, das in Tearooms lächelnd Zigaretten raucht.

Oft fragten sie sie, was sie alles getan habe in der Stadt, im Büro. Sie wusste aber nichts zu sagen. Dann versuchten sie wenigstens, sich genau vorzustellen, wie sie beiläufig in der Bahn ihr rotes Etui mit dem Abonnement aufschlägt und vorweist, wie sie den Bahnsteig entlanggeht, wie sie sich auf dem Weg ins Büro angeregt mit Freundinnen unterhält, wie sie den Gruß eines Herrn lächelnd erwidert. Und dann stellten sie sich mehrmals vor in dieser Stunde, wie sie heimkommt, die Tasche und ein Modejournal unter dem Arm, ihr Parfüm; stellten sich vor, wie sie sich an ihren Platz setzt, wie sie dann zusammen essen würden.

Bald wird sie sich in der Stadt ein Zimmer nehmen, das wussten sie, und dass sie dann wieder um halb sieben essen würden, dass der Vater nach der Arbeit wieder seine Zeitung lesen würde, dass es dann kein Zimmer mehr mit Plattenspieler gäbe, keine Stunde des Wartens mehr. Auf dem Schrank stand eine Vase aus blauem schwedischen Glas, eine Vase aus der Stadt, ein Geschenkvorschlag aus dem Modejournal.

„Sie ist wie deine Schwester", sagte die Frau, „sie hat das alles von deiner Schwester. Erinnerst du dich, wie schön deine Schwester singen konnte." „Andere Mädchen rauchen auch", sagte die Mutter. „Ja", sagte er, „das habe ich auch gesagt." „Ihre Freundin hat kürzlich geheiratet", sagte die Mutter.

Sie wird auch heiraten, dachte er, sie wird in der Stadt wohnen. Kürzlich hatte er Monika gebeten: „Sag mal etwas auf Französisch." „Ja", hat-

© Verlagsarchiv F. Schöningh/Gerhard Sander

Muster
Eine Vorgeschichte zu einem Text verfassen

9

te die Mutter wiederholt, „sag mal etwas auf Französisch." Sie wusste aber nichts zu sagen. Stenografieren kann sie auch, dachte er jetzt. „Für uns wäre das zu schwer", sagten sie oft zueinander. Damit stellte die Mutter den Kaffee auf den Tisch. „Ich habe den Zug gehört", sagte sie.

(Aus: Peter Bichsel: Eigentlich möchte Frau Blum den Milchmann kennenlernen. 21 Geschichten. Frankfurt: Suhrkamp Verlag 1996, S. 65-68)

Aufgabe Schreibe eine Vorgeschichte zur Kurzgeschichte von Peter Bichsel. Beginne mit dem Ende der Schulzeit von Monika.

Worauf zielt die Aufgabe?

 ❖ Unterstreiche die Schlüsselwörter der Aufgabenstellung.

Aufgabe Schreibe eine <u>Vorgeschichte</u> zur <u>Kurzgeschichte</u> von Peter Bichsel. Beginne mit dem Ende der <u>Schulzeit</u> von Monika.

 ❖ Gib den Inhalt so knapp wie möglich in eigenen Worten wieder.

Monikas Eltern warten abends auf sie zum Essen. Monika arbeitet in der Stadt und kommt erst spät nach Hause. Während sie auf das Essen warten, denken beide über ihre Tochter, die anders ist als sie, nach.

 ❖ Setze den Ausgangstext in Beziehung zu dem von dir zu schreibenden Text.

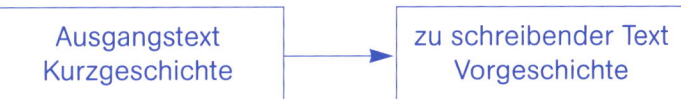

Deine Aufgabe wird also sein,
zum Inhalt der Kurzgeschichte von Peter Bichsel eine Vorgeschichte zu schreiben, aus der heraus der von Peter Bichsel geschilderte Abend verständlich wird.

Meine Werkzeuge für die Aufgabenstellung	
Personen/Figuren	Äußere/innere Handlung
Zeit/Ort	Stimmung
Perspektive des Schreibens	Sprache/Stilmittel
Textsorte	

❖ Nimm die Schlüsselbegriffe der Themenstellung und setze sie zu deinem literarischen Wissen in Beziehung.

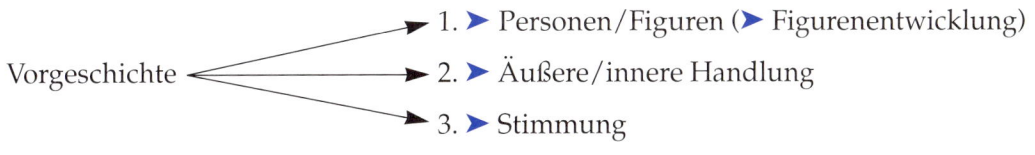

Muster
Eine Vorgeschichte zu einem Text verfassen

➤ Kurzgeschichte ⟶ 4. Textsorte

Zeit ⟶ 5. ➤ erzählte Zeit (vom Ende der Schulzeit bis zu dem Zeitpunkt, an dem die Kurzgeschichte Bichsels einsetzt)

In der Themenstellung nicht genannt, aber zu beachten ist auch:

Perspektive ⟶ 6. ➤ auktoriale Erzählperspektive

Was erfahre ich im vorliegenden Text für die Aufgabenstellung?

1. Personen/Figuren

❖ Suche Textstellen, die etwas über die Personen aussagen.

Für diese Aufgabenstellung eignet sich am besten eine ▷ Tabelle, weil sie einen schnellen Überblick über die drei Personen zulässt. Spaltentitel sind die drei Personen: Vater, Mutter, Monika.

Vater	Mutter	Monika
– sitzt am Tisch und wartet auf Monika (1. Abschnitt) – …	– sitzt am Tisch und wartet auf Monika (1. Abschnitt) – …	– arbeitet in der Stadt (Z. 2) – größer als die Mutter; blonder als sie; hat die feine Haut der Tante Maria (Z. 13–15) – hat einen Plattenspieler, bringt Platten aus der Stadt mit (Z. 17, 18) – …

❖ Fahre in der vorgegebenen Weise fort, sammle alle Informationen zu den Personen.

❖ Werte die Textinformationen aus.

Vater	Mutter	Monika
– Die Eltern warten nur. – …		– Tochter ist anders als die Eltern; sie handelt aktiv. – …

❖ Fülle die Tabelle vollständig aus.

2. Äußere/innere Handlung

Der Ausgangstext scheint sehr handlungsarm zu sein. Aber sehr viele Textstellen verweisen auf Einstellungen, Gedanken, innere Handlungen der Figuren.

Äußere Handlung	Innere Handlung
Die Eltern warten eine Stunde. ⟶	
Monika kauft … einen Hocker aus marokkanischem Leder, eine Schachtel Zigaretten. ⟶	

❖ Suche weitere Stellen.

3. Stimmung

Die Stimmung des Ausgangstextes ist bedrückend, vor allem durch die Unbeweglichkeit der Eltern. Peter Bichsel „beschreibt die bedrückenden Situationen des Alltags, die verpassten Chancen und die Einsamkeit". Diese Stimmungslage sollte auch in deinem Text erhalten bleiben.

4. Textsorte

Der Ausgangstext ist eine Kurzgeschichte. Typisch dafür ist die einfache Sprache sowie das unmittelbare Einsetzen der Geschichte und der offene Schluss. Das Geschehen ist auf einen Augenblick hin konzentriert, hier ein Abend zwischen 18.30 und 19.30 Uhr (siehe Z. 7).

5. Zeit

Diese Hinweise gibt der Text zur Zeit:
Die Erzählung spielt in der Gegenwart. Monika ist zum Zeitpunkt der Erzählung Bürokauffrau (Z. 24/34), kann Französisch (Z. 66) und stenografieren (Z. 69); daher hat sie vermutlich mittlere Reife. Sie ist unverheiratet (Z. 64). Über das gegenwärtige Alter von Monika wird nichts ausgesagt. Da sie es sich leisten kann, ein Zimmer zu nehmen (Z. 47), ist sie nicht mehr in der Ausbildung. Sie ist wohl um die 20 Jahre. Dies kann man aus dem Umstand schließen, dass die Eltern vermuten, dass sie bald von zu Hause ausziehen wird (Z. 47).

6. Erzählperspektive

Peter Bichsel erzählt als außenstehender auktorialer Erzähler. Er weiß, was die Personen denken (z. B. Z. 35: „Dann versuchten sie wenigstens, sich genau vorzustellen …").
Im Wesentlichen aber beschreibt er eine Situation.

Ideen und Überlegungen für meinen Text

1. Personen/Figuren

Du musst dir vor allem etwas zu den Personen der Kurzgeschichte überlegen, da sie im Zentrum der Aufgabenstellung stehen.

Hier eignet sich am besten eine ▷ Mind-Map. Lass dich von den Textaussagen leiten und denke weiter.

Mind-Map: Eltern

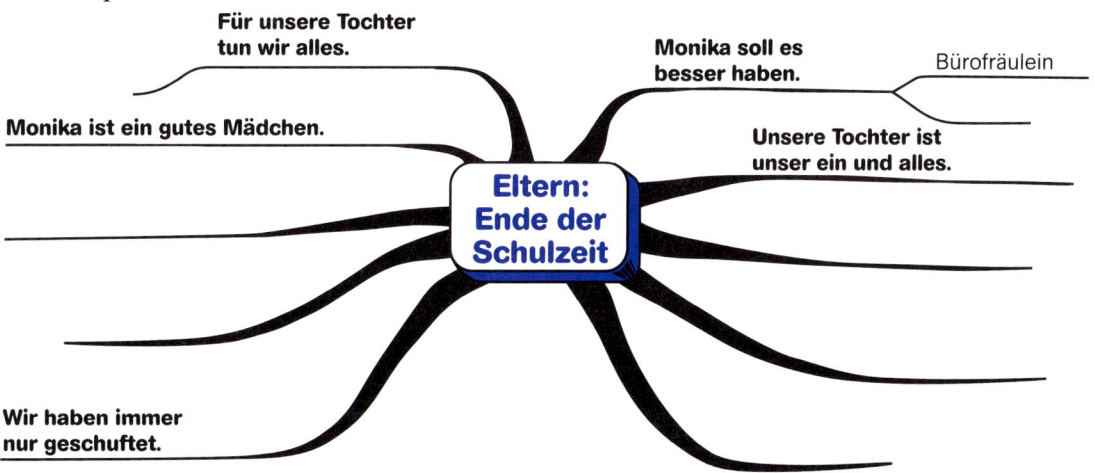

❖ Vervollständige diese Mind-Map.

Muster
Eine Vorgeschichte zu einem Text verfassen

Auch eine Mind-Map zu Monika hilft dir weiter.
In der Mind-Map kannst du all das unterbringen, was Monika anders als ihre Eltern macht.

Mind-Map: Monika

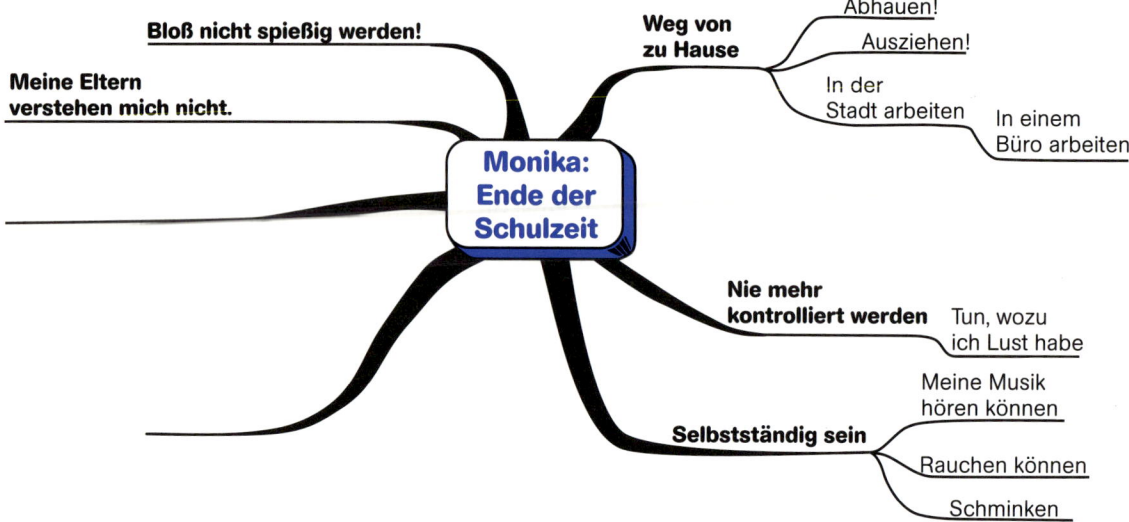

- ❖ Vervollständige auch diese Mind-Map.
- ❖ Überprüfe für deine Personendarstellung alle Einfälle in beiden Mind-Maps auf ihre Brauchbarkeit hin.

Zum Beispiel: Wenn Monika der Gedanke abzuhauen gekommen sein sollte, dann hat sie ihn offensichtlich verworfen.
Wenn die Eltern glauben, dass Monika einmal abhauen wollte, dann finden sie sicherlich wie beim Rauchen einen Grund („Andere Mädchen in ihrem Alter wollten auch von zu Hause weg." – Die Eltern würden wohl kaum den Ausdruck „abhauen" gebrauchen!)

- ❖ Bewerte die weiteren Einfälle der Mind-Map. Wo sind Textbezüge vorhanden? Was lässt sich auf Textbezüge zurückführen?

2. Äußere/innere Handlung

- ❖ Wo finden sich in deiner bewerteten Mind-Map äußere Handlungen, wo innere Handlungen?
- ❖ Wann kann dein Leser aus geschilderten äußeren Handlungen auf innere schließen? Wann solltest du Gedanken und Gefühle Monikas und der Eltern darstellen?
- ❖ Wo brauchen deine Mind-Maps Erweiterungen in Bezug auf äußere und innere Handlungen?

3. Stimmung

- ❖ Was eignet sich in deiner bewerteten Mind-Map besonders, um die bedrückende Stimmung auszudrücken?
- ❖ Wo brauchen deine Mind-Maps Erweiterungen?

4. Textsorte

Die Aufgabenstellung dient dazu, deutlich zu machen, wie es zu dem Augenblick, an dem die Kurzgeschichte einsetzt, kam.
Das bedeutet aber, dass du keine Kurzgeschichte schreiben kannst, da die Darstellung eines Zeitraumes ab Schulende von Monika verlangt ist.

Muster
Eine Vorgeschichte zu einem Text verfassen | **13**

Als Textsorte eignet sich eine Erzählung,
- die mit dem Schulabgang Monikas einsetzt;
- in der Monika sich auf der Zugfahrt nach Hause an ihr Leben seit ihrer Schulentlassung zurückerinnert.

❖ Wähle aus.

5. Zeit

Du musst einen Zeitraum darstellen, der ungefähr mit dem 16. Lebensjahr Monikas einsetzt und mit ihrem 20. Lebensjahr endet.

❖ Was ist typisch für 16- bis 20-Jährige?

❖ Passt das mit deinen Mind-Map-Einfällen zusammen?

6. Erzählperspektive

Vorsicht! Es wäre falsch, wenn du aus der Sicht Monikas oder aus der der Eltern erzählen würdest, also deine Geschichte als Ich-Erzählung gestalten würdest. Würdest du z. B. von der Sicht Monikas aus erzählen, hätte die Aufgabe entsprechend heißen müssen, z. B.: *Erzähle die Vorgeschichte aus der Sicht Monikas.*

Wie formuliere ich meine Schreibziele?

Deine Schreibziele müssen sich auf der Grundlage der Aufgabenstellung an deinen eigenen Ideen orientieren. Deine Schreibziele könnten so aussehen:
Im Mittelpunkt meiner „Vorgeschichte" stehen die Gedanken, Wünsche, Hoffnungen der Personen (Eltern, Monika), die die bedrückende Stimmungslage der Kurzgeschichte von Peter Bichsel verständlich machen.
Mein Text beginnt mit dem Schulabgang Monikas.
Ich schreibe aus einer auktorialen Erzählperspektive.
Mein Text führt auf den geschilderten Augenblick der Kurzgeschichte hin, ist aber selbst keine Kurzgeschichte.

Wie formuliere ich den ersten Satz und wie geht es weiter?

Nach dem Ende der Schulzeit sollte Monika eine Lehre als Bürokauffrau machen …
Wir wollten, dass es unsere Tochter besser haben sollte …
Monika war ihre große Hoffnung …
Nach der Schule hatte sie gesagt, dass sie in die Stadt wolle, weg vom Dorf …

Hier eignet sich am besten ▷ Drauflosschreiben und anschließendes Bewerten.

Ganz offensichtlich ist die zweite Formulierung unbrauchbar, da sie in die Ich-Perspektive der Eltern wechselt.
Die übrigen drei Sätze sind dagegen von der Erzählperspektive her denkbar.
Der erste Satz ist allerdings etwas langweilig, man wird an einen Bericht erinnert. Die anderen beiden Formulierung sind möglich, du kannst sie auch zusammen verwenden. Aber dann sollte die Abfolge so sein:

14 Muster
Eine Vorgeschichte zu einem Text verfassen

Monika war ihre große Hoffnung. Nach der Schule hatte sie gesagt, dass sie in die Stadt wolle, weg vom Dorf …

❖ Schreibe jetzt deine Vorgeschichte zu *Peter Bichsel: Die Tochter*.

❖ Denke dabei immer wieder an deine Schreibziele, sodass du den roten Faden nicht verlierst.

Die Vorgeschichte könnte so angehen:

Monika war ihre große Hoffnung. Nach der Schule hatte sie gesagt, dass sie in die Stadt wolle, weg vom Dorf. Sie konnten sich das nicht vorstellen. Aber Monika war anders, größer und blonder. „Sie ist doch ein liebes Kind", hatte die Mutter gesagt. „Monika macht uns bestimmt keine Schande." Sie sollte es einmal besser haben als sie. „Nein, weglaufen, will unser Kind sicher nicht!", sagte einmal abends im Bett der Vater. „Andere Kinder wollen auch weglaufen, das ist so in diesem Alter", sagte die Mutter. Sie waren glücklich, als Monika ihnen eröffnete, sie wolle Bürokauffrau werden. „Bürofräulein", sagte der Vater, „das ist eine saubere Arbeit. Ich bekomme meinen Lohn auch immer von unserem Bürofräulein. Da musst du immer fleißig sein." Monika hörte nicht hin, sie fuhr am nächsten Tag in die Stadt …

❖ Schreibe weiter.

Wie überarbeite ich meinen Text?

❖ Hast du alles berücksichtigt, was in der Aufgabe steckt?

❖ Schau dir noch einmal dein Schreibziel an und erinnere dich an die Hürden, die du entdeckt hast.

Im Einzelnen:

❖ Stimmt die erzählte Zeit?

❖ Ist die Entwicklung der Figuren verständlich (die Tochter verändert sich, die Eltern bleiben starr und unbeweglich)?

❖ Hast du den einfachen Erzählstil der Kurzgeschichte getroffen und die Erzählperspektive eingehalten?

❖ Bleibt die Stimmungslage des Textes (Resignation) erhalten?

❖ Ist dein Text zusammenhängend und nachvollziehbar? Passt er als Vorgeschichte zu Peter Bichsel?

Jeder Satz, den du geschrieben hast, wirft Fragen auf. Prüfe, ob du sie direkt beantwortest oder ob der Leser sie aus dem Gesagten erschließen soll und kann.

Hier eignet sich am besten die ▷ Fragemethode. Mit ihr kannst du deine Sätze im Text abklopfen.

Zum Beispiel kannst du fragen:

Warum war Monika ihre große Hoffnung? Halten sich auch die Eltern selbst für spießig? Warum will Monika weg von zu Hause? Fällt es den Eltern leicht, sie gehen zu lassen?

❖ Stimmen die Satzanschlüsse und die Rechtschreibung?

Ernest Hemingway: Das Ende von etwas

Früher einmal war Hortons Bay eine Bauholz-Stadt gewesen. Niemand, der dort wohnte, war außerhalb des Hörbereichs der großen Sägemühle am See. Dann, eines Tages, gab es keine Baumstämme mehr, um Bauholz zu machen. Die Holzschoner kamen in die Bucht und wurden mit dem Schnittholz des Sägewerks, das auf dem Hof gestapelt stand, beladen. Alle Stapel Bauholz wurden weggebracht. Aus der großen Mühle nahm man alle transportablen Maschinen fort und ließ sie von den Leuten, die bisher in der Mühle gearbeitet hatten, auf einen der Schoner laden. Der Schoner entfernte sich aus der Bucht hinaus dem offenen See zu, an Bord die beiden großen Sägen, den Transportwagen, der die Baumstämme gegen die rotierenden Kreissägen schleuderte, und all die Walzen, Räder, Treibriemen und Eisen, aufgetürmt auf einer schiffrumpftiefen Ladung Bauholz. Nachdem der offene Raum mit Planen zugedeckt und diese festgebunden waren, füllten sich die Segel des Schoners, und er bewegte sich hinaus in den offenen See, all das mit sich führend, was die Mühle zur Mühle und Hortons Bay zur Stadt gemacht hatte.

Die einstöckigen Schlafquartiere, das Speisehaus, das Warenhaus, die Mühlenbüros und die große Mühle selbst standen verlassen inmitten von ungeheuren Mengen Sägemehls da, das die sumpfige Wiese am Ufer der Bucht bedeckte. Zehn Jahre später war nur noch der zerfallene weiße Kalkstein der Grundmauern von dem Sägewerk übrig, den Nick und Marjorie, als sie am Ufer entlangruderten, durch die sumpfige, in zweiter Blüte stehende Wiese schimmern sahen. Sie angelten am Rande der Fahrrinne, wo der Grund plötzlich von flachem Sand bis zu zwölf Fuß tiefem, dunklem Wasser abfiel. Sie angelten auf ihrem Weg zu der Stelle, wo sie für die Regenbogenforellen nachts Leinen auslegen wollten.

„Da ist unsere alte Ruine, Nick", sagte Marjorie.

Nick blickte beim Rudern auf die weißen Steine zwischen den grünen Bäumen. „Ja, da ist sie", sagte er.

„Kannst du dich daran erinnern, als es ein Sägewerk war?", fragte Marjorie.

„Ja, grade", sagte Nick.

„Es sieht eher wie ein Schloss aus", sagte Marjorie.

Nick sagte nichts. Sie ruderten weiter, verloren das Sägewerk aus den Augen und folgten der Uferlinie. Dann kreuzte Nick die Bucht.

„Sie beißen nicht an", sagte er.

„Nein", sagte Marjorie. Auch während sie sprach, passte sie die ganze Zeit über scharf auf die Angel auf. Sie fischte gern. Sie fischte gern mit Nick.

Ganz dicht am Boot durchbrach eine große Forelle den Wasserspiegel. Nick zog kräftig an einem Ruder, um das Boot zu wenden, damit der Köder, der weit hinter ihnen trieb, dort vorbeikam, wo die Forelle fraß. Als der Rücken der Forelle aus dem Wasser auftauchte, sprangen die Elritzen wie wild. Sie sprenkelten die Oberfläche, als hätte man eine Handvoll Schrot ins Wasser geworfen. Eine zweite Forelle durchbrach fressend das Wasser auf der anderen Seite des Bootes.

„Sie fressen", sagte Marjorie.

„Aber sie beißen nicht an", sagte Nick.

Er ruderte das Boot herum, um zwischen den beiden fressenden Fischen hindurchzuködern; dann nahm er Kurs auf die Landspitze. Marjorie haspelte die Angelschnur erst auf, als das Boot das Ufer berührte.

Sie zogen das Boot auf den Strand, und Nick hob einen Eimer mit lebenden Barschen heraus. Die Barsche schwammen im Wasser im Eimer umher. Nick fing drei von ihnen mit der Hand, schnitt ihnen die Köpfe ab und enthäutete sie, während Marjorie mit ihren Händen im Eimer herumjagte, schließlich einen Barsch fing, seinen Kopf abschnitt und ihn enthäutete. Nick besah sich ihren Fisch.

„Nimm lieber die Mittelgräte nicht heraus", sagte er. „Es geht zwar als Köder, aber es ist besser, wenn die Mittelgräte darin bleibt."

Er hakte jeden der enthäuteten Barsche durch den Schwanz. An dem Vorfach jeder Angel waren zwei Haken befestigt. Dann ruderte Marjorie das Boot über die Fahrrinne hinaus, sie hielt die Leine zwischen den Zähnen und hatte das Gesicht Nick zugewandt, der am Ufer stand, die Angelrute hielt und die Schnur von der Rolle laufen ließ.

„So ungefähr da", rief er.

Aufgabe mit Lösungshilfen
Eine Fortsetzung zu einem Text verfassen

„Soll ich sie loslassen?", rief Marjorie zurück, die Leine in der Hand.

„Ja, lass sie los." Marjorie ließ die Leine über Bord und sah zu, wie die Köder unter Wasser sanken.

Sie kam mit dem Boot zurück und legte die zweite Leine auf die gleiche Art aus. Beide Male legte Nick ein schweres Stück Treibholz über das dicke Ende der Angelrute, um sie in Position zu halten und stützte sie mit einem kleinen Stück Holz ab. Er haspelte die schlaffe Leine auf, sodass die Leine straff bis zu der Stelle lief, wo der Köder auf dem sandigen Grund der Fahrrinne lag und setzte den Sperrhaken auf die Rolle. Sobald eine Forelle auf dem Grund fraß und den Köder nahm, würde sie damit wegziehen, die Leine hastig von der Rolle abwickeln und so die Rolle mit dem Sperrhaken zum Schnurren bringen.

Marjorie ruderte ein Stückchen an der Landspitze entlang, um nicht der Leine in die Quere zu kommen. Sie zog kräftig an den Rudern, und das Boot lief ein ganzes Stück den Strand hinauf. Kleine Wellen kamen mit ihm herauf. Marjorie stieg aus dem Boot, und Nick zog das Boot weit den Strand hinauf.

„Was ist denn los Nick?", fragte Marjorie.

„Ich weiß nicht", sagte Nick und holte Holz, um Feuer zu machen.

Sie machten ein Feuer mit Treibholz. Marjorie ging zum Boot und holte eine Decke. Die Abendbrise blies den Rauch nach der Landspitze zu, darum breitete Marjorie die Decke zwischen dem Feuer und dem See aus.

Marjorie saß auf der Decke mit dem Rücken zum Feuer und wartete auf Nick. Er kam herüber und setzte sich neben sie auf die Decke.

Hinter ihnen war der dichte, junge Baumwuchs der Landspitze, und vor ihnen war die Bucht mit der Mündung von Hortons Creek. Es war nicht ganz dunkel. Der Feuerschein reichte bis zum Wasser. Sie konnten beide die zwei Stahlruten schräg über dem dunklen Wasser sehen. Das Feuer blinkte auf den Rollen.

Marjorie packte den Abendbrotkorb aus.

„Mir ist gar nicht nach Essen", sagte Nick.

„Los, komm und iss, Nick."

„Schön."

Sie aßen, ohne zu sprechen, und beobachteten die beiden Angelruten und den Feuerschein auf dem Wasser.

„Heute Abend gibt's Mondschein", sagte Nick. Er sah über die Bucht hinweg nach den Bergen, die sich scharf gegen den Himmel abzuzeichnen begannen. Er wusste: Hinter den Bergen kam der Mond herauf.

„Ich weiß", sagte Marjorie vergnügt.

„Du weißt alles", sagte Nick.

„Ach bitte, Nick. Lass das. Bitte, sei nicht so."

„Ich kann nichts dafür", sagte Nick. „Es ist doch so. Du weißt alles. Das ist das Unglück. Du weißt, dass es so ist."

Marjorie sagte gar nichts.

„Ich habe dir alles beigebracht. Du weißt, dass es so ist. Überhaupt, was weißt du eigentlich nicht?"

„Ach, hör auf", sagte Marjorie. „Da kommt der Mond."

Sie saßen auf der Decke, ohne sich zu berühren, und sahen zu, wie der Mond aufging. „Du brauchst doch nicht so dumm zu reden", sagte Marjorie. „Was ist denn eigentlich los?"

„Ich weiß nicht."

„Natürlich weißt du's."

„Nein, wirklich nicht."

„Los, sag's."

Nick sah weiter auf den Mond, der über die Berge heraufkam.

„Es ist gar nicht mehr schön."

Er hatte Angst, Marjorie anzusehen. Dann sah er sie an. Sie saß da und wandte ihm den Rücken zu. Er sah ihren Rücken an. „Es ist nicht mehr schön. Überhaupt nichts mehr." Sie sagte nichts. Er fuhr fort: „Weißt du, mir ist, als ob alles in mir zum Teufel gegangen ist. Ich weiß nicht, Marge. Ich weiß nicht, was ich sagen soll."

Er blickte weiter auf ihren Rücken.

„Ist denn Liebe nicht schön?", sagte Marjorie.

„Nein", sagte Nick. Marjorie stand auf. Nick saß da, den Kopf in die Hände gestützt.

„Ich nehme das Boot", rief ihm Marjorie zu.

„Du kannst um die Landspitze rum zu Fuß zurückgehen."

© Verlagsarchiv F. Schöningh/Veronika Wypior

Aufgabe mit Lösungshilfen
Eine Fortsetzung zu einem Text verfassen

17

„Schön", sagte Nick. „Ich stoß' das Boot für dich ab."

195 „Ist nicht nötig", sagte sie. Sie trieb mit dem Boot auf dem mondbeschienenen Wasser. Nick ging zurück und legte sich neben das Feuer, mit dem Gesicht auf der Decke. Er konnte Marjorie auf dem Wasser rudern hören.

200 Er lag dort eine lange Zeit. Er lag da, während er hörte, wie Bill, der durch den Wald strich, in die Lichtung kam. Er spürte, wie sich Bill dem Feuer näherte. Auch Bill berührte ihn nicht.

„Ist sie glücklich weg?", sagte Bill. „Ja", sagte Nick, der mit dem Gesicht auf der Decke dalag. 205
„'ne Szene gehabt?"
„Nein, wir hatten keine Szene."
„Wie fühlst du dich?"
„Bitte geh weg, Bill. Geh, lass mich ein bisschen allein." 210
Bill suchte sich ein Sandwich aus dem Esskorb aus und ging hinüber, sich die Angelruten ansehen.

(Aus: Ernest Hemingway: 49 Stories. Reinbek: Rowohlt Verlag 1932, übersetzt von Annemarie Horschitz-Horst)

Aufgabe Schreibe eine Fortsetzung zu dieser Kurzgeschichte von Ernest Hemingway. Es sind weitere 10 Jahre vergangen. Du erzählst als Autor, wie sich Marjorie an die Nacht mit Nick erinnert.

Worauf zielt die Aufgabe?

 ❖ Unterstreiche/markiere die Schlüsselbegriffe der Aufgabenstellung.

 ❖ Mache dich mit dem Inhalt des Textes vertraut und gib ihn in knappen Worten wieder.

 ❖ Setze den Ausgangstext in Beziehung zu dem von dir zu schreibenden Text.

 ❖ Gib deine Aufgabe in knappen Worten wieder.

Aufgabenlösung wie in der Mustereinheit.

Meine Werkzeuge für die Aufgabenstellung

Personen/Figuren	Äußere/innere Handlung
Zeit/Ort	Stimmung
Perspektive des Schreibens	Sprache/Stilmittel
Textsorte	

❖ Nimm die Schlüsselbegriffe der Themenstellung und setze sie zu deinem literarischen Wissen in Beziehung.

❖ Welches literarische Wissen musst du über die Schlüsselbegriffe hinaus anwenden?

Aufgabenlösung wie in der Mustereinheit.

18 Aufgabe mit Lösungshilfen
Eine Fortsetzung zu einem Text verfassen

Was erfahre ich im vorliegenden Text für die Aufgabenstellung?

1. Personen/Figuren

❖ Suche Textstellen, die etwas über die drei Personen aussagen.

> Für diese Aufgabenstellung eignet sich am besten wieder eine ▷ Tabelle, weil sie einen schnellen Überblick über die drei Personen zulässt. Spaltentitel sind die drei Personen: Marjorie, Nick, Bill.

Marjorie	Nick	Bill
– fischt gerne mit Nick (Z. 58, 59)	– kurz angebunden, verschlossen (Z. 45, 49 …)	– weiß über Nick Bescheid (Z. 204)
–	–	–

❖ Fahre in der vorgegebenen Weise fort, sammle alle Informationen zu den Personen.

❖ Werte die Textinformationen aus.

Marjorie	Nick	Bill
↓	↓	↓
		spielt für die Handlung keine Rolle

❖ Vervollständige die Tabelle.

2. Äußere/innere Handlung

Außenwelt	Innenwelt
„Da ist unsere alte Ruine, Nick", sagte Marjorie.	→ „Auch unsere Beziehung ist eine alte Ruine", dachte er.
Nick blickte beim Rudern auf die weißen Steine zwischen den grünen Bäumen.	
„Ja, da ist sie", sagte er.	→
„Kannst du dich daran erinnern, als es ein Sägewerk war?", fragte Marjorie.	
„Ja, grade", sagte Nick.	→
„Es sieht eher wie ein Schloss aus", sagte Marjorie.	
Nick sagte nichts. Sie ruderten weiter, verloren das Sägewerk aus den Augen und folgten der Uferlinie. Dann kreuzte Nick die Bucht.	→

❖ Suche weitere Textstellen (linke Spalte) und erschließe die rechte Spalte (innere Handlung).

3. Stimmung

Die Kurzgeschichte von Hemingway beginnt mit einer düsteren Szenerie und endet mit einer bedrückenden Abschiedsszene.

❖ Wozu braucht Hemingway am Anfang die Szenerie einer verfallenen Stadt?

Aufgabe mit Lösungshilfen
Eine Fortsetzung zu einem Text verfassen

4. Textsorte

Hemingways Text ist eine Kurzgeschichte.

❖ Rufe dir kurz die Besonderheiten einer Kurzgeschichte ins Gedächtnis.

5. Zeit

❖ Bestimme die erzählte Zeit bei Hemingway.

6. Erzählperspektive

Die ersten Sätze sagen dir schon, aus welcher Erzählperspektive Hemingway erzählt.

❖ Begründe.

Aufgabenlösung analog zur Mustereinheit.

Ideen und Überlegungen für meinen Text

1. Personen/Figuren

Für deinen Schreibauftrag solltest du dir eine Reihe von Fragen überlegen:

❖ Die wichtigste Frage ist: In welcher Lage befindet sich Marjorie nun?

❖ Als Nächstes solltest du dir überlegen, aus welchem Anlass sich Marjorie erinnert.

❖ Schließlich brauchst du eine Antwort auf die Frage, wie sich Marjorie jetzt fühlt, aus welcher Gefühlslage heraus sie sich an die Vergangenheit erinnert.

Bei all diesen Fragen eignet sich besonders gut ein ▷ Brainstorming, damit du viel Material erhältst, um einige Möglichkeiten zu erzeugen.

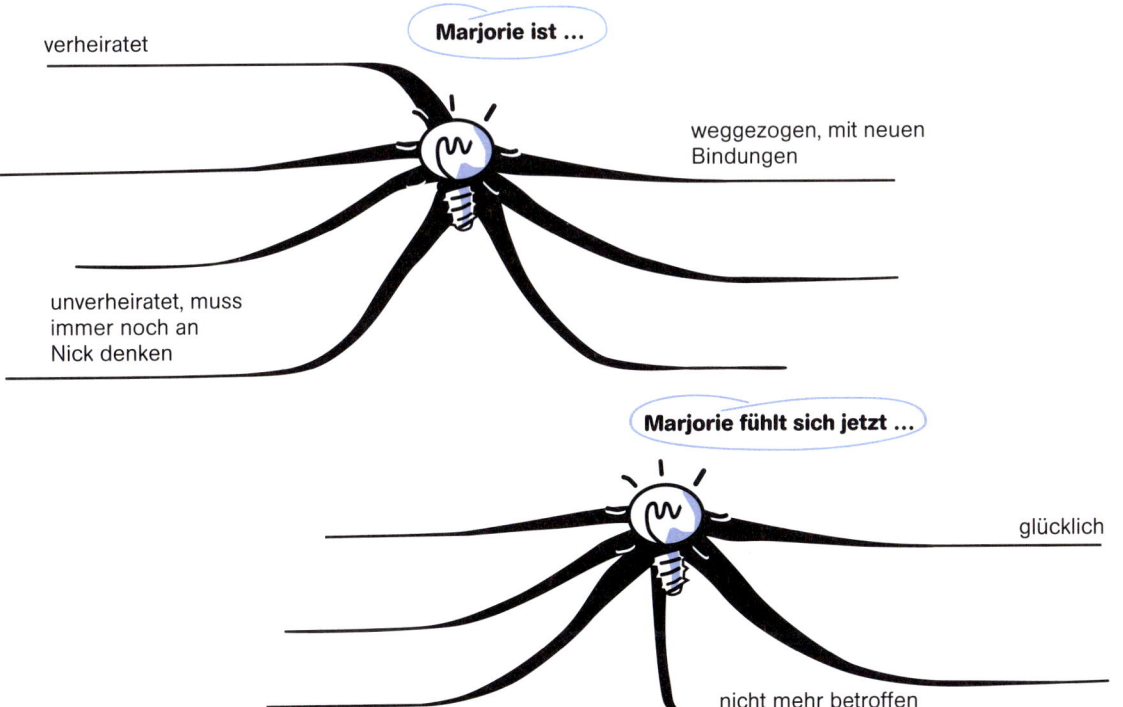

Aufgabe mit Lösungshilfen
Eine Fortsetzung zu einem Text verfassen

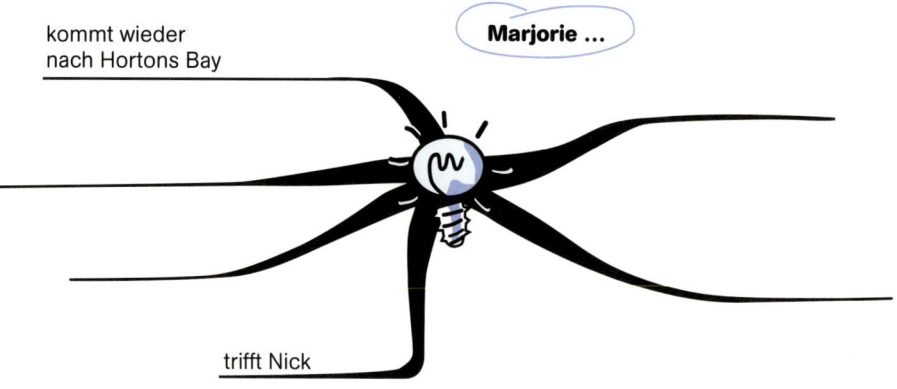

❖ Setze das Brainstorming jeweils fort.

Aufgabenlösung anders als in der Mustereinheit.
Erkläre, warum sich hier ein Brainstorming besonders eignet.

Als Nächstes musst du deine Einfälle strukturieren um mögliche Erzählstränge zu finden.

Hier eignet sich am besten die Überführung des Brainstormings in eine Mind-Map.

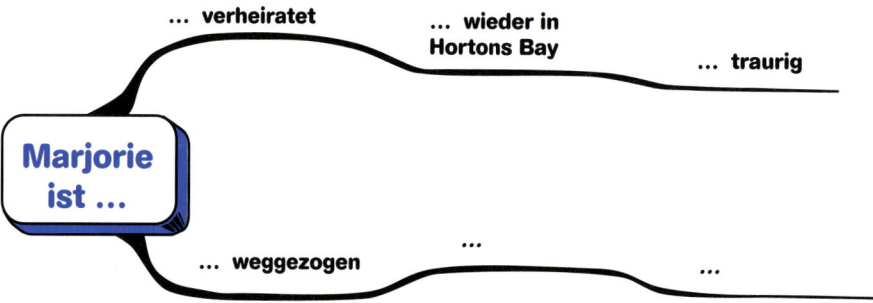

❖ Suche weitere Möglichkeiten.

Du kannst die Mind-Map sogar ausbauen, wenn es dir für deinen ▷ Schreibplan hilfreich erscheint.

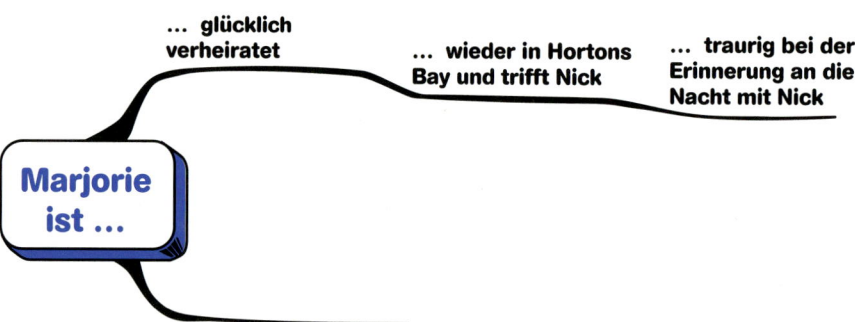

Aufgabenlösung anders als in der Mustereinheit.
Erkläre, warum sich zur Erzeugung des Schreibplanes eine Mind-Map besonders eignet.

2. Äußere/innere Handlung

❖ An was erinnert sich Marjorie? – Eher an die äußere oder eher an die innere Handlung? Wie kannst du in deiner „Nachgeschichte" beide zueinandersetzen?

3. Stimmung

❖ Wie wird sich Marjorie an die düstere Szenerie erinnern (beachte die Stellen Z. 42: „**unsere** alte Ruine"; Z. 50: „Es sieht eher wie ein **Schloss** aus").

4. Textsorte

Die Aufgabenstellung dient dazu, deutlich zu machen, wie sich Marjorie im Rückblick an den besonderen Augenblick des Abends, der ohne Zweifel „tief in ihr Leben einschnitt", erinnert.

❖ Kannst du auch genau wie Hemingway erzählen? Welche Hürde stellt sich für dich?

❖ Frage dich, wie sich Marjorie aufgrund ihres Charakters – wie reagiert sie auf Nick? – entwickelt haben wird.

5. Zeit

❖ Suche im Text und in der Aufgabenstellung Hinweise, die etwas über die Zeit aussagen und aus denen du etwas über die von dir zu erzählende Zeit (➤ erzählte Zeit) schließen kannst.

❖ Wann spielt die Kurzgeschichte von Hemingway?

❖ Welchen Zeitabschnitt sollst du erzählen?

❖ Was hat Marjorie in der Zwischenzeit erlebt? An was erinnert sie sich noch? Was ist ihr immer noch in besonderer Erinnerung?

6. Erzählperspektive

Die Aufgabenstellung verlangt von dir, dass du diese Perspektive beibehältst.

❖ Begründe.

In der Aufgabenstellung heißt es, dass der Autor erzählen soll, wie sich Marjorie erinnert.

❖ Was bedeutet dies für deine Erzählperspektive?

Wie formuliere ich meine Schreibziele?

Dein Schreibziel muss sich auf der Grundlage der Aufgabenstellung an deinen eigenen Ideen orientieren.

❖ Entscheide dich für einen Erzählstrang, wie du ihn mithilfe der Mind-Maps entwickelt hast.

❖ Beachte die Erzählperspektive, die für dein Schreiben notwendig ist.

❖ Achte auf die Figurenentwicklung bis zu deinem Erzählzeitpunkt.

Hat Marjorie die Ereignisse von damals überwunden?

❖ Welche Teile der gesammelten Informationen gehen jetzt in die selbstgestellte Schreibaufgabe ein?

Aufgabenlösung im Großen und Ganzen wie in der Mustereinheit. Erkläre die Ähnlichkeit.

Aufgabe mit Lösungshilfen
Eine Fortsetzung zu einem Text verfassen

Wie formuliere ich den ersten Satz und wie geht es weiter?

10 Jahre waren vergangen …

- Suche weitere Formulierungen und bewerte sie.
- Schreibe jetzt die Fortsetzung zu *Ernest Hemingway: Das Ende von etwas*.
- Denke dabei immer wieder an deine Schreibziele, sodass du den roten Faden nicht verlierst.

Aufgabenlösung wie in der Mustereinheit.

Wie überarbeite ich meinen Text?

- Hast du alles berücksichtigt, was in der Aufgabe steckt?
- Schau dir noch einmal deine Schreibziele an und erinnere dich an die Hürden, die du entdeckt hast.
- Ist dein Text zusammenhängend und nachvollziehbar? Passt er als Fortsetzung zu Hemingway?
- Stimmen die Satzanschlüsse und die Rechtschreibung?

Weitere Aufgaben

Eine Vorgeschichte schreiben

Botho Strauß: Die Kaffeerunde

Text aus: Botho Strauß: Wohnen Dämmern Lügen. München: Hanser Verlag 1994, S. 74f.

Aufgabe Schreibe eine Vorgeschichte zu der ➤ Skizze von Botho Strauß, in der du zum Zeitpunkt der Pensionierung des Mannes einsetzt.

☞ Kleine Hinweise und Hilfen:

- **Personen/Figuren; äußere/innere Handlung; Stimmung:**
  Überlege dir: Hoffnungen, Versprechungen, Wünsche – Enttäuschungen, Frustrationen der beiden alten Leute
- **Zeit:**
  Dein Text umfasst eine längere Zeitspanne. Zeichne dir einen Zeitstrahl, auf dem du markante Ereignisse, die du erzählen willst, einträgst.
- **Schreibperspektive:**
  Halte die distanzierte Er-Perspektive ein.
- **Sprache/Stilmittel; Textsorte:**
  Es empfiehlt sich, den skizzenhaften Stil beizubehalten.

Eine Fortsetzung schreiben

Marie Luise Kaschnitz: Das letzte Buch

Text aus: M. L. Kaschnitz: Steht noch dahin. Frankfurt: Suhrkamp Verlag 1979.

Aufgabe Das Kind packt die Neugierde. Es forscht nach einem Buch und findet schließlich eines. Es liest darin. Beginne deine Erzählung mit der Buchlektüre.

☞ Kleine Hinweise und Hilfen:

- **Personen/Figuren; äußere/innere Handlung; Stimmung:**
  Überlege dir: Neugierde, erfüllte Neugierde: Welche inneren Handlungen spielen sich beim Lesen ab? Welches Buch wird das Kind lesen?
- **Zeit:**
  Dein Text umfasst eine eher kurze Zeitspanne. Es geht um ein „Leseabenteuer" des Kindes.
- **Schreibperspektive:**
  Halte die Er-Perspektive ein.
- **Sprache/Stilmittel; Textsorte:**
  Du erzählst, was mit dem Kind während und nach dem Lesen passiert.
- **Schreibziele:**
  Was verspürt das Kind beim Lesen?
  Sollte die neue Erfahrung positiv, neutral oder negativ dargestellt werden?

2.2 Perspektiven und Schreibformen wechseln (Erzählungen)

MUSTER
Federica de Cesco: Spaghetti für zwei

Heinz war bald vierzehn und fühlte sich sehr cool. In der Klasse und auf dem Fußballplatz hatte er das Sagen. Aber richtig schön würde das Leben erst werden, wenn er im nächsten Jahr sein Töff bekam und den Mädchen zeigen konnte, was für ein Kerl er war. Er mochte Monika, die Blonde mit den langen Haaren aus der Parallelklasse, und ärgerte sich über seine entzündeten Pickel, die er mit schmutzigen Nägeln ausdrückte. Im Unterricht machte er gerne auf Verweigerung. Die Lehrer sollten bloß nicht auf den Gedanken kommen, dass er sich anstrengte.

Mittags konnte er nicht nach Hause, weil der eine Bus zu früh, der andere zu spät abfuhr. So aß er im Selbstbedienungsrestaurant, gleich gegenüber der Schule. Aber an manchen Tagen sparte er lieber das Geld und verschlang einen Hamburger an der Stehbar. Samstags leistete er sich dann eine neue Kassette, was die Mutter natürlich nicht wissen durfte. Doch manchmal – so wie heute – hing ihm der Big Mac zum Hals heraus. Er hatte Lust auf ein richtiges Essen. Einen Kaugummi im Mund, stapfte er mit seinen Cowboy-Stiefeln die Treppe zum Restaurant hinauf. Die Reißverschlüsse seiner Lederjacke klimperten bei jedem Schritt. Im Restaurant trafen sich Arbeiter aus der nahen Möbelfabrik, Schüler und Hausfrauen mit Einkaufstaschen und kleinen Kindern, die Unmengen Cola tranken, Pommes frites verzehrten und fettige Fingerabdrücke auf den Tischen hinterließen.

Viel Geld wollte Heinz nicht ausgeben; er sparte es lieber für die nächste Kassette. „Italienische Gemüsesuppe" stand im Menü. Warum nicht? Immer noch seinen Kaugummi mahlend, nahm Heinz ein Tablett und stellte sich an. Ein schwitzendes Fräulein schöpfte die Suppe aus einem dampfenden Topf. Heinz nickte zufrieden. Der Teller war ganz ordentlich voll. Eine Schnitte Brot dazu, und er würde bestimmt satt. Er setzte sich an einen freien Tisch, nahm den Kaugummi aus dem Mund und klebte ihn unter den Stuhl. Da merkte er, dass er den Löffel vergessen hatte. Heinz stand auf und holte sich einen. Als er zu seinem Tisch zurückstapfte, traute er seinen Augen nicht: Ein Schwarzer saß an seinem Platz und aß seelenruhig seine Gemüsesuppe! Heinz stand mit seinem Löffel fassungslos da, bis ihn die Wut packte. Zum Teufel mit diesen Asylbewerbern! Der kam irgendwo aus Uagadugu, wollte sich in der Schweiz breitmachen, und jetzt fiel ihm nichts Besseres ein, als ausgerechnet seine Gemüsesuppe zu verzehren! Schon möglich, dass sowas den afrikanischen Sitten entsprach, aber hierzulande war das eine bodenlose Unverschämtheit! Heinz öffnete den Mund, um dem Menschen lautstark seine Meinung zu sagen, als ihm auffiel, dass die Leute ihn komisch ansahen. Heinz wurde rot. Er wollte nicht als Rassist gelten. Aber was nun?

Plötzlich fasste er einen Entschluss. Er räusperte sich vernehmlich, zog einen Stuhl zurück und setzte sich dem Schwarzen gegenüber. Dieser hob den Kopf, blickte ihn kurz an und schlürfte ungestört die Suppe weiter. Heinz presste die Zähne zusammen, dass seine Kinnbacken schmerzten. Dann packte er energisch den Löffel, beugte sich über den Tisch und tauchte ihn in die Suppe. Der Schwarze hob abermals den Kopf. Sekundenlang starrten sie sich an. Heinz bemühte sich, die Augen nicht zu senken. Er führte mit leicht zitternder Hand den Löffel zum Mund und tauchte ihn zum zweiten Mal in die Suppe. Seinen vollen Löffel in der Hand, fuhr der Schwarze fort, ihn stumm zu betrachten. Dann senkte er die Augen auf seinen Teller und aß weiter. Eine Weile verging. Beide teilten sich die Suppe, ohne dass ein Wort fiel. Heinz versuchte nachzudenken: „Vielleicht hat der Mensch kein Geld, muss schon tagelang hungern. Dann sah er die Suppe da stehen und bediente sich einfach. Schon möglich, wer weiß? Vielleicht würde ich mit leerem Magen ähnlich reagieren? Und Deutsch kann er anscheinend auch nicht, sonst würde er da nicht sitzen wie ein Klotz. Ist doch peinlich. Ich an seiner Stelle würde mich schämen. Ob Schwarze wohl rot werden können?"

Das leichte Klirren des Löffels, den der Afrikaner in den leeren Teller legte, ließ Heinz die Augen heben. Der Schwarze hatte sich zurückgelehnt und sah ihn an. Heinz konnte seinen Blick nicht deuten.

In seiner Verwirrung lehnte er sich ebenfalls zurück. Schweißtropfen perlten auf seiner Oberlippe, sein Pulli juckte, und die Lederjacke war verdammt heiß! Er versuchte, den Schwarzen abzuschätzen. „Junger Kerl. Etwas älter als ich. Vielleicht sechzehn oder sogar schon achtzehn. Normal angezogen: Jeans, Pulli, Windjacke. Sieht eigentlich nicht wie ein Obdachloser aus. Immerhin, der hat meine halbe Suppe aufgegessen und sagt nicht einmal Danke! Verdammt, ich habe noch Hunger!"

Der Schwarze stand auf. Heinz blieb der Mund offen. „Haut der tatsächlich ab? Jetzt ist aber das Maß voll! So eine Frechheit! Der soll mir wenigstens die halbe Gemüsesuppe bezahlen!" Er wollte aufspringen und Krach schlagen. Da sah er, wie sich der Schwarze mit einem Tablett in der Hand wieder anstellte. Heinz fiel unsanft auf seinen Stuhl zurück und saß da wie ein Ölgötze. „Also doch: Der Mensch hat Geld! Aber bildet der sich vielleicht ein, dass ich ihm den zweiten Gang bezahle?"

Heinz griff hastig nach seiner Schulmappe. „Bloß weg von hier, bevor er mich zur Kasse bittet! Aber nein, sicherlich nicht. Oder doch?" Heinz ließ die Mappe los und kratzte nervös an einem Pickel. Irgendwie wollte er wissen, wie es weiterging.

Der Schwarze hatte einen Tagesteller bestellt. Jetzt stand er vor der Kasse und – wahrhaftig – er bezahlte! Heinz schniefte. „Verrückt!", dachte er. „Total gesponnen!" Da kam der Schwarze zurück. Er trug das Tablett, auf dem ein großer Teller Spaghetti stand, mit Tomatensauce, vier Fleischbällchen und zwei Gabeln. Immer noch stumm, setzte er sich Heinz gegenüber, schob den Teller in die Mitte des Tisches, nahm eine Gabel und begann zu essen, wobei er Heinz ausdruckslos in die Augen schaute. Heinz' Wimpern flatterten. Heiliger Strohsack! Dieser Typ forderte ihn tatsächlich auf, die Spaghetti mit ihm zu teilen! Heinz brach der Schweiß aus. Was nun? Sollte er essen? Nicht essen? Seine Gedanken überstürzten sich. Wenn der Mensch doch wenigstens reden würde! „Na gut. Er aß die Hälfte meiner Suppe, jetzt esse ich die Hälfte seiner Spaghetti, dann sind wir

© Verlagsarchiv F. Schöningh/Veronika Wypior

quitt!" Wütend und beschämt griff Heinz nach der Gabel, rollte die Spaghetti auf und steckte sie in den Mund. Schweigen. Beide verschlangen die Spaghetti. „Eigentlich nett von ihm, dass er mir eine Gabel brachte", dachte Heinz. „Da komme ich noch zu einem guten Spaghettiessen, das ich mir heute nicht geleistet hätte. Aber was soll ich jetzt sagen? Danke? Saublöd! Einen Vorwurf machen kann ich ihm auch nicht mehr. Vielleicht hat er gar nicht gemerkt, dass er meine Suppe aß. Oder vielleicht ist es üblich in Afrika, sich das Essen zu teilen? Schmecken gut, die Spaghetti. Das Fleisch auch. Wenn ich nur nicht so schwitzen würde!"

Die Portion war sehr reichlich. Bald hatte Heinz keinen Hunger mehr. Dem Schwarzen ging es ebenso. Er legte die Gabel aufs Tablett und putzte sich mit der Papierserviette den Mund ab. Heinz räusperte sich und scharrte mit den Füßen. Der Schwarze lehnte sich zurück, schob die Daumen in die Jeansjacke und sah ihn an. Undurchdringlich. Heinz kratzte sich unter dem Rollkragen, bis ihm die Haut schmerzte. „Heiliger Bimbam! Wenn ich nur wüsste, was er denkt!" Verwirrt, schwitzend und erbost ließ er seine Blicke herumwandern. Plötzlich spürte er ein Kribbeln im Nacken. Ein Schauer jagte ihm über die Wirbelsäule von den Ohren bis ans Gesäß. Auf dem Nebentisch, an den sich bisher niemand gesetzt hatte, stand – einsam auf einem Tablett – ein Teller kalter Gemüsesuppe. Heinz erlebte den peinlichsten Augenblick seines Lebens. Am liebsten hätte er sich in ein Mauseloch verkrochen. Es vergingen zehn volle Sekunden, bis er es endlich wagte, dem Schwarzen ins Gesicht zu sehen. Der saß da, völlig entspannt und cooler, als Heinz es je sein

Muster
Aus der Ich-Perspektive schreiben

würde, und wippte leicht mit dem Stuhl hin und her.

„Äh ...", stammelte Heinz, feuerrot im Gesicht. „Entschuldigen Sie bitte. Ich ..."

Er sah die Pupillen des Schwarzen aufblitzen, sah den Schalk in seinen Augen schimmern. Auf einmal warf er den Kopf zurück, brach in dröhnendes Gelächter aus. Zuerst brachte Heinz nur ein verschämtes Glucksen zustande, bis endlich der Bann gebrochen war und er aus vollem Halse in das Gelächter des Afrikaners einstimmte. Eine Weile saßen sie da, von Lachen geschüttelt. Dann stand der Schwarze auf, schlug Heinz auf die Schulter.

„Ich heiße Marcel", sagte er in bestem Deutsch. „Ich esse jeden Tag hier. Sehe ich dich morgen wieder? Um die gleiche Zeit?"

Heinz' Augen tränten, sein Zwerchfell glühte, und er schnappte nach Luft.

„In Ordnung!", keuchte er. „Aber dann spendiere ich die Spaghetti!"

(Aus: F. de Cesco: Freundschaft hat viele Gesichter. Luzern und Stuttgart: Rex 1968, S. 79–84)

Aufgabe Schreibe die Begegnung von Heinz und Marcel in der Erzählung „Spaghetti für zwei" aus der Sicht von Marcel. Wähle dazu die Ich-Form.

Worauf zielt die Aufgabe?

❖ Unterstreiche die Schlüsselbegriffe der Aufgabenstellung.

Aufgabe Schreibe die <u>Begegnung</u> von Heinz und Marcel in der <u>Erzählung</u> „Spaghetti für zwei" aus der <u>Sicht</u> von Marcel. Wähle dazu die <u>Ich-Form</u>.

❖ Gib den Inhalt der Erzählung so knapp wie möglich in eigenen Worten wieder.

Heinz kauft sich in einem Selbstbedienungsrestaurant eine Suppe und stellt sie auf einem Tisch ab. Nachdem er einen Löffel geholt hat, sitzt ein Schwarzer an seinem Tisch und isst die Suppe. Er setzt sich wütend dazu und wortlos essen beide die Suppe aus. Der Schwarze kauft danach einen Teller voll Spaghetti, kehrt mit zwei Gabeln zurück und beide essen wiederum wortlos die Spaghetti. Da entdeckt Heinz auf dem Nachbartisch seinen Teller mit kalter Suppe. Die Spannung zwischen den beiden mündet in ein dröhnendes Gelächter und in eine Verabredung für den nächsten Tag.

❖ Setze den Ausgangstext in Beziehung zu dem von dir zu schreibenden Text.

Ausgangstext	zu schreibender Text
Erzählung aus einer auktorialen Erzählperspektive	→ Erzählung aus einer Ich-Perspektive

Deine Aufgabe wird also sein,
die Begegnung der beiden Personen in der Erzählung von Federica de Cesco aus der Ich-Perspektive von Marcel zu erzählen.

Muster
Aus der Ich-Perspektive schreiben | **27**

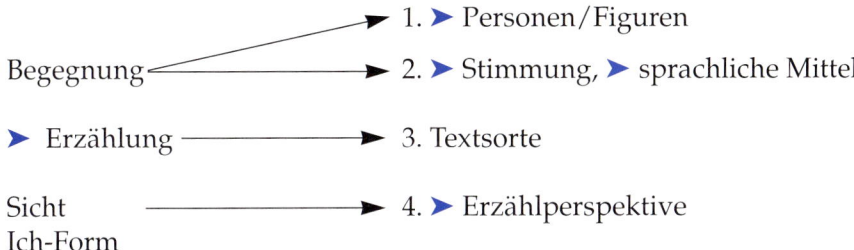

❖ Nimm die Schlüsselbegriffe der Themenstellung und setze sie zu deinem literarischen Wissen in Beziehung.

```
                          → 1. ▶ Personen/Figuren
   Begegnung  
                          → 2. ▶ Stimmung, ▶ sprachliche Mittel

   ▶ Erzählung            → 3. Textsorte

   Sicht                  → 4. ▶ Erzählperspektive
   Ich-Form
```

In der Themenstellung nicht genannt, aber zu beachten ist auch:

5. ▶ Äußere/innere Handlung

Was erfahre ich im vorliegenden Text für die Aufgabenstellung?

1. Personen/Figuren

❖ Suche alle Textstellen heraus, die wiedergeben, was zwischen Heinz und Marcel abläuft.

Für diese Aufgabe legst du am besten eine ▷ Tabelle an, in der beide Personen gegenübergestellt werden.

Heinz	Marcel
– Ein Schwarzer sitzt an seinem Tisch und isst seine Suppe. (3. Abschnitt)	
– Er setzt sich dem Schwarzen gegenüber. (4. Abschnitt)	– Er hebt den Kopf und isst die Suppe weiter. (4. Abschnitt)
– Er taucht den Löffel in die Suppe.	– Er hebt den Kopf abermals.
Sekundenlang starren sie sich an.	
– Er senkt die Augen nicht, führt den Löffel zum Mund und taucht ihn wiederum in die Suppe.	– Er betrachtet ihn stumm, senkt die Augen und isst weiter.
Sie teilen sich die Suppe.	
– Er denkt nach.	– Er legt den Löffel in den leeren Teller. (5. Abschnitt)
– …	– …

❖ Fahre fort und sammle alle Informationen zu der Begegnung zwischen Heinz und Marcel.

Muster
Aus der Ich-Perspektive schreiben

Wichtig sind die Gedanken und Überlegungen von Heinz. Auch hierfür eignet sich die Tabelle gut.

❖ Suche im Text alle Gedanken und Überlegungen von Heinz und werte sie aus.

Heinz' Gedanken	Auswertung
Zeile 52 bis 59	Heinz denkt, dass es sich bei dem Schwarzen um einen Asylanten handelt, der es sich in der Schweiz (die Schriftstellerin F. de Cesco lebt in der Schweiz), vielleicht ohne zu arbeiten, gutgehen lässt.
Zeile 62	Heinz will keinen Ärger haben und nicht als Rassist gelten.
Zeile 86 bis 91	…
Zeile …	

❖ Vervollständige die Tabelle.

2. Stimmung, sprachliche Mittel

Die Stimmung und die Gefühle, die in der Begegnung der beiden herrschen, lassen sich erfassen, wenn du das Verhalten und die dazu verwendeten Wörter untersuchst.

Zeile 50/51:   *Heinz ist fassungslos, bis ihn die Wut packt.*
Zeile 62:   *Heinz wird rot.*
Zeile 68:   *Marcel schlürft ungestört die Suppe weiter.*
Zeile 69/70:   …

❖ Sammle alle weiteren Informationen und unterstreiche die wichtigen Wörter.

❖ Fasse nun zusammen, in welcher Stimmung sich die beiden befinden.

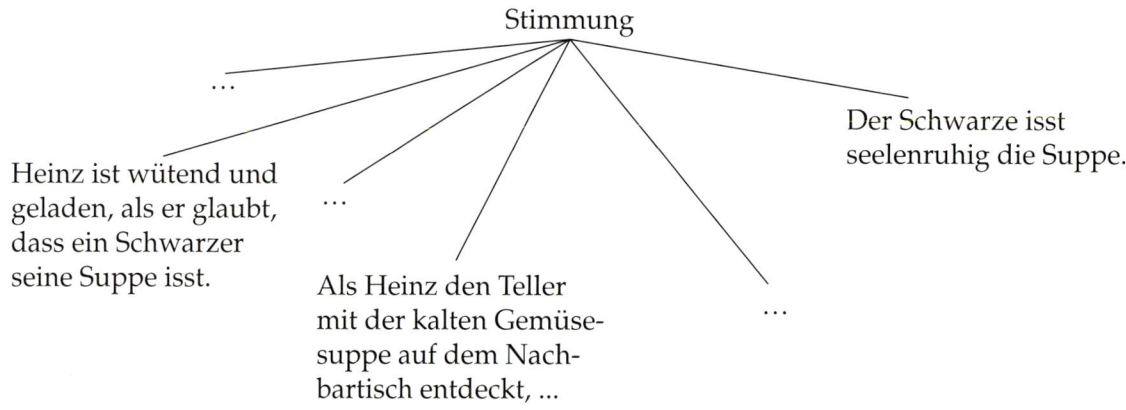

❖ Ergänze.

3. Textsorte

Bei der Geschichte handelt es sich um eine Erzählung. Zu einer Erzählung gehören Anschaulichkeit und eine Pointe (das Erzählenswerte).

Anschaulichkeit erreicht man durch eine ausführliche und genaue Wiedergabe und treffende Wörter. Bei den Aufgaben unter 1. und 2. hast du dazu bereits Material gesammelt.

❖ Welches ist die Pointe der Geschichte, die überraschende Wende am Schluss?

Muster
Aus der Ich-Perspektive schreiben | **29**

4. Erzählperspektive

Die Geschichte „Spaghetti für zwei" ist eine Er-Erzählung. Die Autorin schreibt in der Er-Form aus der Sicht von Heinz. Dabei setzt sie die Gedanken, die Heinz hat, in Anführungszeichen. Das ist eigentlich nicht üblich, normalerweise wird nur die wörtliche Rede in Anführungszeichen gesetzt.

5. Äußere/innere Handlung

Im Text wird die äußere und innere Handlung von Heinz wiedergegeben. Von Marcel erfährt man nur etwas aus der Sicht von Heinz, also nichts über dessen inneren Zustand. Diesen kann man nur aus den Beobachtungen und Gedanken von Heinz erschließen (siehe dazu „Ideen und Überlegungen für meinen Text" unter 1. Personen/Figuren).

Ideen und Überlegungen für meinen Text

1. Personen/Figuren

F. de Cesco baut mit den gegensätzlichen Personen Heinz und Marcel (Weißer – Schwarzer, Schweizer – Asylant) in ihrer Erzählung eine Spannung auf, die sich erst am Schluss löst, als Heinz seinen Fehler erkennt. Offen bleibt, ob Marcel über den Irrtum von Heinz Bescheid weiß. Die Geschichte gibt dazu keinen eindeutigen Hinweis.
Deshalb musst du dich bei deiner Geschichte von Anfang an festlegen, ob Marcel vom Suppenteller auf dem Nachbartisch weiß oder nicht.

❖ Lege also fest, ob Marcel von der Suppe auf dem Nachbartisch weiß oder nicht.

Für die Aufgabe sind die Gedanken von Marcel wichtig, die sich aus dem Verhalten beider Personen ergeben.

Zur Sammlung der Gedanken von Marcel eignet sich gut die ▷ Fragemethode. Mit den Fragen, die Marcel stellt, lassen sich seine Gedanken finden, die den Inhalt der neuen Geschichte bilden.

Verhalten von Heinz und Marcel	Fragen von Marcel	mögliche Gedanken von Marcel
Heinz setzt sich Marcel gegenüber, der kurz den Kopf hebt und dann seine Suppe weiterisst.	Was will der hier?	Der kommt ja nur mit einem Löffel in der Hand. Ob der sich wohl im Tisch geirrt hat? Nein, der setzt sich hin.
Heinz taucht den Löffel in Marcels Suppe. Dieser hebt den Kopf abermals.	Was soll denn das? Soll ich mich wehren? Soll ich etwas sagen?	… … …
Beide starren sich an. …	Was tu ich nur?	… …

❖ Setze die Tabelle fort.

Muster
Aus der Ich-Perspektive schreiben

Um sich in Marcel gut hineinversetzen zu können, ist es wichtig, mehr Aussagen und Schlussfolgerungen zu seiner Person zu suchen. Die Geschichte von de Cesco bietet dazu die nötigen Voraussetzungen.

Am besten arbeitest du mit einer ▷ Mind-Map.

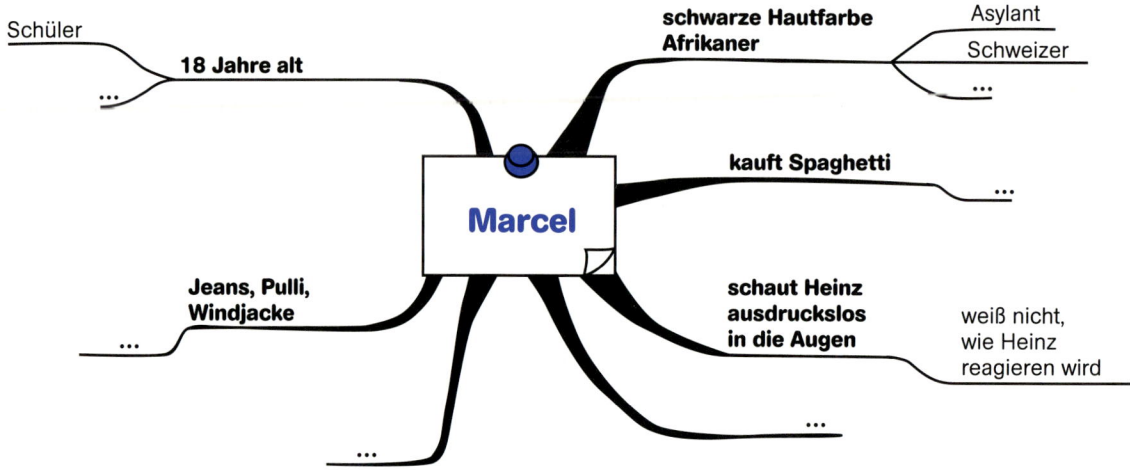

- Ergänze die Mind-Map und erweitere sie.
- Überprüfe dabei, ob die Zusammenhänge und Schlussfolgerungen stimmen können.

Gehe wie folgt vor:

Marcel hat eine schwarze Hautfarbe, spricht aber Deutsch und ist wohl in der Schweiz geboren und aufgewachsen.

Marcel ist normal und ordentlich gekleidet. Er fällt nur durch seine Hautfarbe auf.
…

2. Stimmung, sprachliche Mittel

- Verwende die Erarbeitung von oben und lege fest, in welcher Stimmungslage sich Marcel befindet und mit welchen Begriffen diese am besten ausgedrückt werden kann. Dabei muss mit einbezogen werden, ob Marcel von der Suppe auf dem Nachbartisch weiß oder nicht.

3. Textsorte

Die Aufgabe verlangt von dir die Wiedergabe der Begegnung der beiden Personen aus der Sicht von Marcel. Diese Begegnung stellt jedoch nur einen Teil der Erzählung dar und eine bestimmte Textsorte ist im Thema nicht genannt. Deshalb bietet sich auch für deinen Text die Form der Erzählung an. Dann braucht sie eine Einleitung (Leserorientierung am Anfang) und einen Schluss. (Grundsätzlich könnte auch ein innerer Monolog geschrieben werden. Siehe auch unter 4. Erzählperspektive.)

- Überlege, wie du deine Erzählung einleitest. Achte darauf, wie de Cesco vorgeht. Ganz so kannst du aber nicht verfahren.
- Die Pointe, die eine gute Erzählung verlangt, ergibt sich aus dem Text von de Cesco. Überlege weiter, weshalb Marcel die Einladung für den nächsten Tag ausspricht. Beachte auch hier, ob Marcel von Heinz' Suppe weiß oder nicht.

4. Erzählperspektive

Für die Aufgabe, die die Ich-Form braucht, eignen sich Erzählung und innerer Monolog. Während die Erzählung eine Einleitung und einen Schluss braucht (siehe 3. Textsorte), ist das beim inneren Monolog nicht unbedingt notwendig.
Diese Mustereinheit wählt die Erzählung aus. Beachte also, falls du einen inneren Monolog schreiben willst, dass der Aufbau anders sein kann.

5. Äußere/innere Handlung

Es wäre falsch, wenn du nur den äußeren Ablauf der Begegnung erzählen würdest. Die Gedanken und Empfindungen von Marcel müssen in sinnvoller Weise mit dem äußeren Ablauf (den Beobachtungen von Marcel) verknüpft werden. Meist gibt die äußere Handlung den Anstoß für die entstehenden Gedanken und Empfindungen.

Wie formuliere ich meine Schreibziele?

Das könnten Schreibziele für dich sein:

Meine Geschichte muss in Ich-Form aus der Sicht von Marcel die Geschehnisse und dessen Gedanken wiedergeben.

Ich werde mir als Adressaten für meine Geschichte einen Freund wählen. Dem werde ich meine Geschichte erzählen.

Ich beginne meine Geschichte mit einer kurzen Einleitung und mit dem Zurückziehen des Stuhls durch Heinz und ende mit der Verabredung.

Ich baue eine Spannung dadurch auf, dass Marcel nicht weiß, dass der Suppenteller von Heinz auf dem Nachbartisch steht und dass er meint, Heinz könne sich kein Essen kaufen.

Wie formuliere ich den ersten Satz und wie geht es weiter?

Gestern ging ich wie jeden Tag in das Restaurant, das gegenüber der Schule liegt …

Nachdem ich mir die Gemüsesuppe auf das Tablett gestellt hatte, suchte ich mir einen freien Tisch, setzte mich und begann meine Suppe zu essen. Sie schmeckte ausgezeichnet …

Als an meinem Tisch plötzlich ein Stuhl zurückgezogen wurde, schaute ich kurz auf und bemerkte, dass ein Junge, einen Löffel in der rechten Hand haltend, sich mir gegenüber an den Tisch setzte. Ich beachtete ihn nicht und aß meine Suppe weiter. Da bemerkte ich …

Ich aß genüsslich meine Suppe, als ein Junge mit einem Löffel in der rechten Hand sich an meinen Tisch setzte.

Seit meiner Kindheit lebe ich in der Schweiz, sehe aber nicht wie ein Schweizer aus. Meine Eltern kommen aus Zentralafrika und meine Haut ist schwarz wie Kohle. Vor kurzem sind wir umgezogen …

Das zweite bis vierte Beispiel sind als Einleitung sicherlich nicht geeignet.
Auch das erste Beispiel ist ungeeignet, wenn ihr bedenkt, dass nun Marcel aus der Ich-Perspektive erzählt.

❖ Begründe.

Muster
Aus der Ich-Perspektive schreiben

Das zweite, dritte und vierte Beispiel könnte im Hauptteil der Erzählung stehen. Beim vierten Beispiel fällt auf, dass lebendig und genau geschrieben wurde (Adjektiv *genüsslich*, der Löffel war in der *rechten Hand*).

Für den Ablauf der Erzählung solltest du dir einen Plan machen. Dazu kannst du nach folgendem ▷ Gliederungsschema verfahren:

Einleitung: – *Gestern ging ich wie jeden Tag in das Restaurant, das gegenüber der*
(Leserorientierung)   *Schule liegt …*
    – *kaufte eine Gemüsesuppe …*
    – *suchte einen freien Platz …*

Hauptteil: – *aß genüsslich meine Suppe …*
(Das Erzäh-   – *Ein Junge zog den Stuhl an meinem Tisch zurück, setzte sich …*
lenswerte)   – *schaute kurz auf …*
    …

Schluss: – *schlug dem immer noch aus vollem Halse lachenden Jungen*
      auf die Schulter …
    – *nannte ihm meinen Namen …*
    – *Wir verabredeten uns für den nächsten Tag …*

❖ Fertige die vollständige Gliederung in Stichworten an und schreibe danach deine eigene Erzählung. Denke an dein Schreibziel: Ich-Perspektive, Aufbau einer Spannung, Einleitung und Schluss.

Wie überarbeite ich meinen Text?

Wenn deine Geschichte fertig ist, solltest du sie überarbeiten.
Hast du an alle wichtigen Punkte deines Schreibziels gedacht? Hast du an die genannten Hürden gedacht und an die sprachliche Gestaltung?
Überprüfe deinen Text und verwende die folgenden Hinweise:

❖ Wurde die Ich-Form durchgehalten?

❖ Führt die Einleitung den Leser in die Geschichte ein?

❖ Stimmen die Gedanken von Marcel mit den Aussagen in de Cescos Geschichte überein?

❖ Wird eine Spannung dadurch aufgebaut, dass Marcel sich Gedanken über das Verhalten von Heinz macht?

❖ Wird die innere Anspannung und spätere Entspannung von Marcel durch die richtige Wortwahl deutlich?

❖ Ist die Rechtschreibung in Ordnung?

❖ Der folgende Textauszug aus einem Schüleraufsatz muss überarbeitet werden. Beachte auch das Tempus.

… Also, du glaubst es nicht, der Junge tauchte seinen Löffel zum zweiten Mal in meine Suppe. Dabei sah ich allerdings, dass der Löffel in seiner Hand leicht zitterte. Was sollte ich tun? Ich war wie versteinert, hatte meinen vollen Löffel in der Hand und schaute ihn an. Er sah mir mit zusammengekniffenen Augen und gerunzelter Stirn ins Gesicht, als ob es sein Recht wäre, meine Suppe zu essen. Das konnte doch nicht wahr sein. Was bewog diesen Jungen, an meinem Tisch zu sitzen und mir meine Suppe wegzuessen? Nun ja, vielleicht hatte er kein Geld, sich selbst eine Suppe zu kaufen. Merkwürdig war es aber schon, dass er sich gerade an meinen Tisch setzte, zu einem Schwarzen, zu dem sich sonst eigentlich niemand freiwillig hinsetzt. Warum hatte der gerade mich ausgesucht? Man setzt sich doch nicht zu einem Schwarzen, der nur eine Suppe löffelt, auch wenn man kein Geld und

Hunger hat. Aber vielleicht gerade deshalb. Vielleicht dachte der, mit einem Schwarzen kann man das machen, der sagt nichts, der kann vielleicht nicht einmal Deutsch und sagt deswegen nichts. Vielleicht dachte der auch, dass ich gehe und die Suppe für ihn stehen lasse. Aber da hatte er sich getäuscht. Stehen lassen werde ich sie nicht. Wenn er Hunger hat, soll er mitessen. Aber komisch ist das schon. Möglicherweise hatte er tatsächlich kein Geld und Hunger. Der hatte mich vorhin auch so merkwürdig angeschaut. Auf jeden Fall wartete ich ab und aß meine Suppe weiter.
Und du wirst es nicht glauben, wir löffelten gemeinsam die Suppe leer. Ich legte behutsam meinen Löffel in den leeren Teller. Er klirrte ein wenig, sodass mein Mitesser aufschaute und seinen Löffel ebenfalls ablegte. Da ich gespannt war, ob er etwas sagen würde, lehnte ich mich zurück, schaute ihm in die Augen und wartete ...

❖ Vervollständige nach der Überarbeitung den Text.

Heinrich Böll: Mein trauriges Gesicht

Als ich am Hafen stand, um den Möwen zuzusehen, fiel mein trauriges Gesicht einem Polizisten auf, der in diesem Viertel die Runde zu gehen hatte. Ich war ganz versunken in den Anblick der schwebenden Vögel, die vergebens aufschossen und niederstürzten, nach etwas Essbarem zu suchen. Der Hafen war verödet, grünlich das Wasser, dick von schmutzigem Öl, und in seiner krustigen Haut schwamm allerlei weggeworfener Krempel; kein Schiff war zu sehen, die Krane verrostet; Lagerhallen verfallen; nicht einmal Ratten schienen die schwarzen Trümmer am Kai zu bevölkern, still war es. Viele Jahre schon war jede Verbindung nach außen abgeschnitten.

Ich hatte eine bestimmte Möwe ins Auge gefasst, deren Flüge ich beobachtete. Ängstlich wie eine Schwalbe, die das Unwetter ahnt, schwebte sie meist nah der Oberfläche des Wassers, manchmal nur wagte sie kreischend den Sturz nach oben, um ihre Bahn mit der der Genossen zu vereinen. Hätte ich einen Wunsch aussprechen können, so wäre mir ein Brot das Liebste gewesen, es den Möwen zu verfüttern, Brocken zu brechen und den planlosen Flügen einen weißen Punkt zu bestimmen, ein Ziel zu setzen, auf das sie zufliegen würden; dieses kreischende Geschwebe wirrer Bahnen zu straffen durch den Wurf eines Brotstücks, hineinpackend in sie wie in eine Zahl von Schnüren, die man rafft. Aber auch ich war hungrig wie sie, auch müde, doch glücklich trotz meiner Trauer, denn es war schön, dort zu stehen, die Hände in den Taschen, den Möwen zuzusehen und Trauer zu trinken.

Plötzlich aber legte sich eine amtliche Hand auf meine Schulter, und eine Stimme sagte: „Kommen Sie mit!" Dabei versuchte die Hand, mich an der Schulter zu zerren und herumzureißen. Ich blieb stehen, schüttelte sie ab und sagte ruhig: „Sie sind verrückt." „Kamerad", sagte der immer noch Unsichtbare zu mir, „ich warne Sie."

„Mein Herr", gab ich zurück.

„Es gibt keine Herren", rief er zornig. „Wir sind alle Kameraden."

Und nun trat er neben mich, blickte mich von der Seite an, und ich war gezwungen, meinen glücklich schweifenden Blick zurückzuholen und in seine braven Augen zu versenken: Er war ernst wie ein Büffel, der seit Jahrzehnten nichts anderes gefressen hat als die Pflicht.

„Welchen Grund ...", wollte ich anfangen ...

„Grund genug", sagte er, „Ihr trauriges Gesicht."

Ich lachte.

„Lachen Sie nicht!" Sein Zorn war echt. Erst hatte ich gedacht, es sei ihm langweilig gewesen, weil keine unregistrierte Hure, kein taumelnder Seemann, nicht Dieb noch Durchbrenner zu verhaften war, aber nun sah ich, dass es ernst war: er wollte mich verhaften.

„Kommen Sie mit ...!"

„Und weshalb?", fragte ich ruhig.

Ehe ich mich versehen hatte, war mein linkes Handgelenk mit einer dünnen Kette umschlossen, und in diesem Augenblick wusste ich, dass ich wieder verloren war. Ein letztes Mal wandte ich mich zu den schweifenden Möwen, blickte in den schönen grauen Himmel und versuchte, mich mit einer plötzlichen Wendung ins Wasser zu stürzen, denn es schien mir doch schöner, selbst in dieser schmutzigen Brühe zu ertrinken, als irgendwo auf einem Hinterhof von ihren Schergen erdrosselt oder wieder eingesperrt zu werden. Aber der Polizist hatte mich mit einem Ruck so nahegezogen, dass kein Entweichen mehr möglich war.

„Und weshalb?", fragte ich noch einmal.

„Es gibt das Gesetz, dass Sie glücklich zu sein haben."

„Ich bin glücklich!", rief ich.

„Ihr trauriges Gesicht", er schüttelte den Kopf.

„Aber dieses Gesetz ist neu", sagte ich.

„Es ist sechsunddreißig Stunden alt, und Sie wissen wohl, dass jedes Gesetz vierundzwanzig Stunden nach seiner Verkündigung in Kraft tritt."

„Aber ich kenne es nicht."

„Kein Schutz vor Strafe. Es wurde vorgestern verkündet, durch alle Lautsprecher, in allen Zeitungen und denjenigen", hier blickte er mich verächtlich an, „denjenigen, die weder die Segnungen der Presse noch der des Funkes teilhaftig sind, wurde es durch Flugblätter bekanntgegeben, über allen Straßen des Reiches wurden sie abgeworfen. Es wird sich also zeigen, wo Sie die letzten sechsunddreißig Stunden verbracht haben, Kamerad."

Er zog mich fort. Jetzt erst spürte ich, dass es kalt war und ich keinen Mantel hatte, jetzt erst kam mein Hunger richtig hoch und knurrte vor der Pforte des Magens, jetzt erst begriff ich, dass ich auch schmutzig war, unrasiert, zerlumpt, und dass es Gesetze gab, nach denen jeder Kamerad sauber, rasiert, glücklich und satt zu sein hatte. Er schob mich vor sich her wie eine Vogelscheuche, die, des Diebstahls überführt, die Stätte ihrer Träume am Feldrain hat verlassen müssen. Die Straßen waren leer, der Weg zum Revier nicht weit, und obwohl ich gewusst hatte, dass sie bald wieder einen Grund finden würden, mich zu verhaften, so wurde mein Herz doch schwer, denn es führte mich durch die Stätten meiner Jugend, die ich nach der Besichtigung des Hafens hatte besuchen wollen: Gärten, die voll Sträucher gewesen waren, schön von Unordnung, überwachsene Wege – alles dieses war nun planiert, geordnet, sauber viereckig für die vaterländischen Verbände hergerichtet, die montags, mittwochs und samstags hier ihre Aufmärsche durchzuführen hatten. Nur der Himmel war wie früher und die Luft wie in jenen Tagen, da mein Herz voller Träume gewesen war.

Hier und da im Vorübergehen sah ich, dass in mancher Liebeskaserne schon das staatliche Zeichen für jene ausgehängt wurde, die mittwochs an der Reihe waren, der hygienischen Freude teilhaftig zu werden; auch manche Kneipen schienen bevollmächtigt, das Zeichen des Trunkes schon auszuwerfen, ein aus Blech gestanztes Bierglas, das in den Farben des Reiches quer gestreift war: hellbraun – dunkelbraun – hellbraun. Freude herrschte sicher schon in den Herzen derer, die in der staatlichen Liste der Mittwochstrinker geführt wurden und des Mittwochsbieres teilhaftig werden würden. Allen Leuten, die uns begegneten, haftete das unverkennbare Zeichen des Eifers an, das dünne Fluidum der Emsigkeit umgab sie, um so mehr wohl, da sie den Polizisten erblickten; alle gingen schneller, machten ein vollkommen pflichterfülltes Gesicht, und die Frauen, die aus den Magazinen kamen, waren bemüht, ihren Gesichtern den Ausdruck jener Freude zu verleihen, die man von ihnen erwartete, denn es war geboten, Freude zu zeigen, muntere Heiterkeit über die Pflichten der Hausfrau, die abends den staatlichen Arbeiter mit gutem Mahl zu erfrischen angehalten war.

© VG Bild-Kunst, Bonn 2001

Aber alle diese Leute wichen uns geschickt aus, sodass keiner unmittelbar unseren Weg zu kreuzen gezwungen war; wo sich Spuren von Leben auf der Straße zeigten, verschwanden sie zwanzig Schritte vor uns, jeder bemühte sich, schnell in ein Magazin einzutreten oder um eine Ecke zu biegen, und mancher mag ein ihm unbekanntes Haus betreten und hinter der Tür ängstlich gewartet haben, bis unsere Schritte verhallt waren. Nur einmal, als wir gerade eine Straßenkreuzung passierten, begegnete uns ein älterer Mann, an dem ich flüchtig die Abzeichen des Schulmeisters erkannte; er konnte nicht mehr ausweichen und bemühte sich nun, nachdem er erst vorschriftsmäßig den Polizisten gegrüßt hatte (indem er sich selbst zum Zeichen absoluter Demut dreimal mit der flachen Hand auf den Kopf schlug), bemühte er sich also, seine Pflicht zu erfüllen, die von ihm verlangte, mir dreimal ins Gesicht zu speien und mich mit dem obligatorischen Ruf „Verräterschwein" zu belegen. Er zielte gut, doch war der Tag heiß gewesen, seine Kehle musste trocken sein, denn es trafen mich nur einige kümmerliche, ziemlich substanzlose Flatschen, die ich – entgegen der Vorschrift – unwillkürlich mit dem Ärmel abzuwischen versuchte; daraufhin trat mich der Polizist in den Hintern und schlug mir mit der Faust in die Mitte des Rückgrates, fügte mit ruhiger Stimme hinzu: „Stufe 1", was so viel bedeutete wie: erste, mildeste Form der von jedem Polizisten anwendbaren Bestrafung.

Der Schulmeister war schnell von dannen geeilt. Sonst gelang es allen, uns auszuweichen; nur eine Frau noch, die gerade an einer Liebeskaserne vor den abendlichen Freuden die vorgeschriebene Lüftung vornahm, eine blasse, aufgedunsene Blondine, warf mir flüchtig eine Kusshand zu, und ich lächelte dankbar, während der Polizist sich bemühte so zu tun, als habe er nichts bemerkt. Sie sind angehalten, diesen Frauen Freiheiten zu gestatten, die jedem anderen Kameraden unweigerlich schwere Bestrafung einbringen würde; denn da sie sehr wesentlich zur Hebung der allgemeinen Arbeitsfreude beitragen, lässt man sie als außerhalb des Gesetzes stehend gelten; ein Zugeständnis, dessen Tragweite der Staatsphilosoph Dr. Dr. Dr. Bleigoeth in der obligatorischen Zeitschrift für (Staats-)Philosophie als ein Zeichen beginnender Liberalisierung gebrandmarkt hatte. Ich hatte es am Tage vorher auf meinem Wege in die Hauptstadt gelesen, als ich auf dem Klo eines Bauernhofes einige Seiten der Zeitschrift fand, die ein Student – wahrscheinlich der Sohn des Bauern – mit sehr geistreichen Glossen versehen hatte.

Zum Glück erreichten wir jetzt die Station, denn eben ertönten die Sirenen, und das bedeutete, dass die Straßen überströmen würden von Tausenden von Leuten mit einem milden Glück auf den Gesichtern (denn es war befohlen, bei Arbeitsschluss eine nicht zu große Freude zu zeigen, weil sich sonst erwiese, dass die Arbeit eine Last sei; Jubel dagegen sollte bei Beginn der Arbeit herrschen, Jubel und Gesang), alle diese Tausende hätten mich anspucken müssen. Allerdings bedeutete das Sirenenzeichen: zehn Minuten vor Feierabend, denn jeder war angehalten, sich zehn Minuten einer gründlichen Waschung hinzugeben, gemäß der Parole des derzeitigen Staatschefs: Glück und Seife. Die Tür zum Revier dieses Viertels, einem einfachen Betonklotz, war von zwei Posten bewacht, die mir im Vorübergehen die übliche „körperliche Maßnahme" angedeihen ließen: Sie schlugen mir ihre Seitengewehre heftig gegen die Schläfe und knallten mir die Läufe ihrer Pistolen gegen das Schlüsselbein, gemäß der Präambel zum Staatsgesetz Nr. 1: „Jeder Polizist hat sich jedem Ergriffenen (sie meinen Verhafteten) gegenüber als Gewalt an sich zu dokumentieren, ausgenommen der, der ihn ergreift, da dieser des Glückes teilhaftig werden wird, bei der Vernehmung die erforderlichen körperlichen Maßnahmen vorzunehmen." Das Staatsgesetz Nr. 1 selbst hat folgenden Wortlaut: „Jeder Polizist *kann* jeden bestrafen, er *muss* jeden bestrafen, der sich eines Vergehens schuldig gemacht hat. Es gibt für alle Kameraden keine Straffreiheit, sondern eine Straffreiheitsmöglichkeit."

Wir durchschritten nun einen langen kahlen Flur, der mit vielen großen Fenstern versehen war; dann öffnete sich automatisch eine Tür, denn inzwischen hatten die Posten unsere Ankunft schon durchgegeben, und in jenen Tagen, da alles glücklich war, brav, ordentlich, und jeder sich bemühte, das vorgeschriebene Pfund Seife am Tage zu verwaschen, in jenen Tagen bedeutete die Ankunft eines Ergriffenen (Verhafteten) schon ein Ereignis.

Wir betraten einen fast leeren Raum, der nur einen Schreibtisch mit Telefon und zwei Sessel enthielt, ich selbst hatte mich in die Mitte des Raumes zu postieren; der Polizist nahm seinen Helm ab und setzte sich.

Erst war Stille und nichts geschah; sie machen es immer so; das ist das Schlimmste; ich spürte, wie mein Gesicht immer mehr zusammenfiel,

36 Aufgabe mit Lösungshilfen
Eine andere Schreibform wählen

ich war müde und hungrig, und auch die letzte Spur jenes Glückes der Trauer war nun verschwunden, denn ich wusste, dass ich verloren war.

Nach wenigen Sekunden trat wortlos ein blasser, junger Mensch ein, in der bräunlichen Uniform des Vorvernehmers; er setzte sich ohne ein Wort zu sagen hin und blickte mich an.

„Beruf?"
„Einfacher Kamerad."
„Geboren?"
„1. 1. eins", sagte ich.
„Letzte Beschäftigung?"
„Sträfling."

Die beiden blickten sich an.
„Wann und wo entlassen?"
„Gestern, Haus 12, Zelle 13."
„Wohin entlassen?"
„In die Hauptstadt."
„Schein."

Ich nahm aus meiner Tasche den Entlassungsschein und reichte ihn hinüber. Er heftete ihn an die grüne Karte, die er mit meinen Angaben zu beschreiben begonnen hatte.

„Damaliges Delikt?"
„Glückliches Gesicht."

Die beiden blickten sich an.
„Erklären", sagte der Vorvernehmer.
„Damals", sagte ich, „fiel mein glückliches Gesicht einem Polizisten auf an einem Tage, da allgemeine Trauer befohlen war. Es war der Todestag des Chefs."

„Länge der Strafe?"
„Fünf."
„Führung?"
„Schlecht."
„Grund?"
„Mangelhafter Arbeitseinsatz."
„Erledigt."

Dann erhob sich der Vorvernehmer, trat auf mich zu und schlug mir genau die drei vorderen mittleren Zähne aus: ein Zeichen, dass ich als Rückfälliger gebrandmarkt werden sollte, eine verschärfte Maßnahme, auf die ich nicht gerechnet hatte. Dann verließ der Vorvernehmer den Raum, und ein dicker Bursche in einer dunkelbraunen Uniform trat ein: der Vernehmer.

Sie schlugen mich alle: der Vernehmer, der Obervernehmer, der Hauptvernehmer, der Anrichter und der Schlussrichter, und nebenbei vollzog der Polizist alle körperlichen Maßnahmen, wie das Gesetz es befahl; und sie verurteilten mich wegen meines traurigen Gesichtes zu zehn Jahren, so wie sie mich fünf Jahre vorher wegen meines glücklichen Gesichtes zu fünf Jahren verurteilt hatten.

Ich aber muss versuchen, gar kein Gesicht mehr zu haben, wenn es mir gelingt, die nächsten zehn Jahre bei Glück und Seife zu überstehen …

(Aus: Heinrich Böll: Wanderer, kommst du nach Spa …, Frankfurt a.M. 1962: Ullstein Verlag; Bild: A. Paul Weber, Der Gefangene)

Aufgabe Ein Reporter aus einem demokratischen Land erfährt über die Verhältnisse in diesem Staat, in dem der Ich-Erzähler der Geschichte „Mein trauriges Gesicht" lebt. Schreibe den Bericht des Reporters aus der Er-Perspektive.

Worauf zielt die Aufgabe?

* Unterstreiche/markiere die Schlüsselbegriffe in der Aufgabe.

* Mache dich mit dem Inhalt des Textes vertraut und gib ihn in knappen Worten wieder.

* Setze den Ausgangstext in Beziehung zu dem von dir zu schreibenden Text.

* Mach dir deine Aufgabe nochmals klar.

Aufgabenlösung wie in der Mustereinheit.

Aufgabe mit Lösungshilfen
Eine andere Schreibform wählen

Meine Werkzeuge für die Aufgabenstellung

Personen/Figuren	Äußere/innere Handlung
Zeit/Ort	Stimmung
Perspektive des Schreibens	Sprache/Stilmittel
Textsorte	

❖ Nimm die Schlüsselbegriffe der Themenstellung und setze sie zu deinem literarischen Wissen in Beziehung.

❖ Welches literarische Wissen musst du über die Schlüsselbegriffe hinaus anwenden? Hinweis: Personen stehen bei dieser Aufgabe nicht im Vordergrund, weil es um die Darstellung der Staatsverhältnisse geht.

Du solltest dir unbedingt Klarheit über die Textsorte ➤ Groteske verschaffen.

Aufgabenlösung ähnlich wie in der Mustereinheit.

Was erfahre ich im vorliegenden Text für die Aufgabenstellung?

1. Personen/Figuren

Hier geht es nicht nur um die Figuren, sondern um deren Umfeld.
Die Zustände in diesem Staat lassen sich aus dem Verhalten der Personen in ihrem Umfeld erschließen.

❖ Suche alle Textstellen heraus, in denen der Ich-Erzähler etwas über diesen Staat aussagt, und werte sie aus.

Hierfür eignet sich wieder am besten eine Tabelle. Durch die gleichzeitige Auswertung der Textstellen erhältst du allgemeine und sachliche Informationen für deinen Bericht.

Textstellen	Auswertung
– Der Hafen war verödet ... , kein Schiff war zu sehen. – Viele Jahre schon war jede Verbindung nach außen abgeschnitten. (Z. 7ff.)	– Der Staat hat keine Verbindung zur Außenwelt. Er hat seine Grenzen dichtgemacht.
– Wir sind alle Kameraden. (Z. 45ff.)	– Die Bürger sind verpflichtet, sich mit „Kamerad" anzureden.
– ...	– ...

❖ Setze die Tabelle fort.

2. Äußere/innere Handlung

Aus den Gedanken des Ich-Erzählers lassen sich ebenfalls Rückschlüsse auf den Zustand dieses Staates ziehen. Falls du diese nicht schon in die Tabelle bei 1. Personen/Figuren eingebaut hast, solltest du sie ebenfalls untersuchen. Verwende wiederum eine Tabelle wie oben.

3. Zeit/Ort

❖ Suche im Text nach Angaben über den Ort und die Zeit.

❖ Auf welche Staatsform könnte Böll anspielen und welche Epoche aus der Geschichte Deutschlands könnte er meinen?

4. Stimmung

Die Stimmung dieses Textes ist durch die Erzählform der Groteske bestimmt.

5. Textsorte

Diese Erzählung von Heinrich Böll ist in der Form einer Groteske geschrieben. Bei dieser Erzählform prallt Gegensätzliches aufeinander: Sie wirkt lächerlich und schrecklich zugleich, ist komisch und grauenerregend. Dabei geht Böll weit über die Realität hinaus und übertreibt. Gerade dadurch wird aber sichtbar, wie es in einem solchen Staat zugehen kann.

6. Perspektive des Schreibens

Böll erzählt aus der Ich-Perspektive. Dies zeigt sich schon im ersten Satz.

Ideen und Überlegungen für meinen Text

1. Personen/Informationen

Für deinen Schreibauftrag musst du dir Gedanken darüber machen, welche Informationen du aus der Erzählung von Böll für deinen Bericht verwenden willst.
Folgende Fragen solltest du dir dazu überlegen:

❖ Über welche Personen und Gegebenheiten will ich berichten?

❖ Welche Informationen/Informationsgruppen liefert mir der Text?

❖ Welchen Namen will ich dem Staat geben?

❖ Welchen Ort und welche Zeit lege ich fest?

Am besten arbeitest du mit einer Mind-Map.

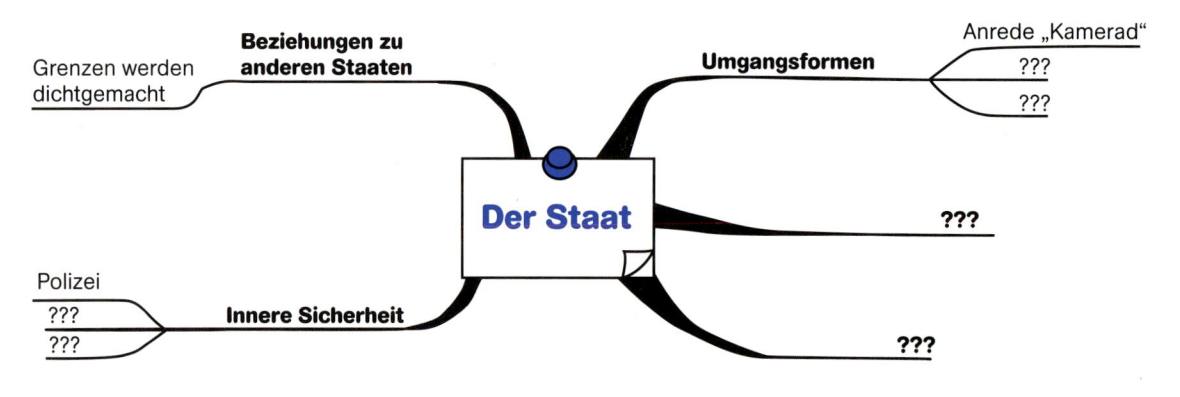

```
                  Beziehungen zu                              Anrede „Kamerad"
 Grenzen werden   anderen Staaten        Umgangsformen        ???
 dichtgemacht                                                 ???

                          ⬤
                    ┌──────────┐
                    │ Der Staat│                              ???
                    └──────────┘

 Polizei
 ???
 ???           Innere Sicherheit                              ???
```

❖ Erweitere die Mind-Map.

Aufgabenlösung ähnlich wie in der Mustereinheit.

2. Äußere/innere Handlung

Dein Text soll ein ➤ Bericht werden. Daher musst du über die äußeren Vorgänge berichten, innere Vorgänge können von dir nur wiedergegeben werden, wenn sie dir berichtet worden sind. Aus den Gedanken, die der Ich-Erzähler bei Böll aber äußert, kannst du einiges an Informationen über den Staat herleiten.

❖ Untersuche alle Gedanken des Erzählers der Geschichte, aus denen sich eine Information über den Staat herleiten lässt. Warum sagt er über den Polizisten: „… er war ernst wie ein Büffel"? Warum erkennt er eine Emsigkeit der Menschen, als sie ihnen begegneten? …

3. Zeit/Ort

❖ Falls du dich bei der Zeit für Deutschland während des Dritten Reichs entscheidest, solltest du beachten, dass im Text nichts über den Zweiten Weltkrieg erwähnt ist. Du müsstest dich also für eine Zeit vor dem Zweiten Weltkrieg entscheiden.

❖ Auch einen Ort solltest du für deinen Bericht auswählen. Im Text wird nur erwähnt, dass es sich um eine Hafenstadt handelt.

4. Stimmung

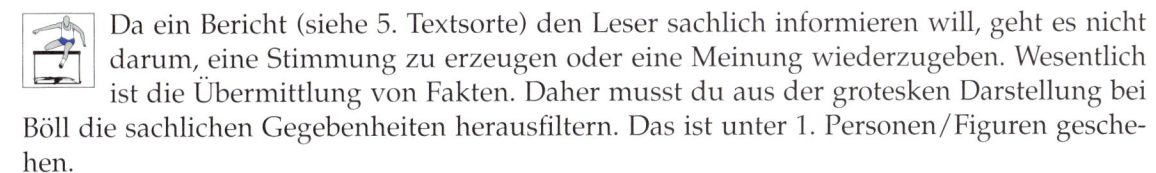

Da ein Bericht (siehe 5. Textsorte) den Leser sachlich informieren will, geht es nicht darum, eine Stimmung zu erzeugen oder eine Meinung wiederzugeben. Wesentlich ist die Übermittlung von Fakten. Daher musst du aus der grotesken Darstellung bei Böll die sachlichen Gegebenheiten herausfiltern. Das ist unter 1. Personen/Figuren geschehen.

❖ Weshalb kann die Schreibweise der Groteske nicht verwendet werden?

5. Textsorte

Bevor du den Bericht schreiben kannst, musst du dir darüber im Klaren sein, welche Merkmale ein Bericht (zum Beispiel für die Zeitung) aufzuweisen hat.
Folgende zwei Hinweise können dir helfen:

● Ein Bericht muss Aufschluss über folgende Fragen geben: Wer? Was? Wann? Wo? Wie? Warum? Ohne diese „sechs W's" ist ein Bericht nicht vollständig.
● Ein wichtiger Grundsatz des Berichts ist, dass das Wichtigste zuerst mitgeteilt wird. Gleich zu Anfang wird das Wesentliche genannt, sodass der Leser sofort informiert ist. Folgende Darstellung kann dir helfen:

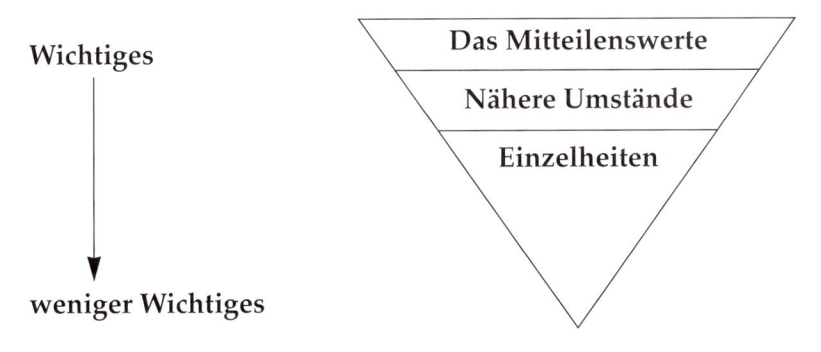

Wichtiges
↓
weniger Wichtiges

Das Mitteilenswerte
Nähere Umstände
Einzelheiten

❖ Suche alle Informationen mithilfe der „sechs W's" zusammen und ordne sie nach ihrer Wichtigkeit an. Achtung: Bei „Wer?" könnte es Probleme geben.

❖ Orientiere dich an einem Zeitungsbericht. Er hilft dir bei der Gestaltung deines Berichts.

Aufgabe mit Lösungshilfen
Eine andere Schreibform wählen

6. Perspektive des Schreibens

Für einen Bericht musst du die Ich-Form bei Böll aufgeben und zu einer sachlichen Er-Form finden.

Aufgabenlösung anders als in der Mustereinheit.

Wie formuliere ich meine Schreibziele?

Deine Schreibziele ergeben sich aus der Aufgabenstellung und der vorliegenden Erarbeitung:

Mein Bericht informiert in sachlicher Weise in der Er-Perspektive den Leser über die Zustände in dem ausgewählten Staat.

Ich baue meinen Bericht so auf, dass zuerst die wichtigen Informationen genannt werden.

In meinem Bericht haben eigene Ansichten keinen Platz. Es zählen nur die Fakten.

Aufgabenlösung anders als in der Mustereinheit.

Wie formuliere ich den ersten Satz und wie geht es weiter?

Polizeiterror in Deutschland

Hamburg. Die deutsche Bevölkerung wird von menschenverachtenden Gesetzen und der Willkür der Polizei beherrscht. …

- ❖ Suche nach anderen Möglichkeiten, den Bericht zu beginnen.
- ❖ Ordne die Informationen, die du verwenden willst, nach ihrer Wichtigkeit und formuliere deinen Bericht.

Aufgabenlösung ähnlich wie in der Mustereinheit.

Wie überarbeite ich meinen Text?

- ❖ Überprüfe, ob du alle wichtigen Informationen genannt und sachlich dargestellt hast.
- ❖ Hast du deinen Bericht richtig aufgebaut?
- ❖ Entspricht deine Darstellung einem Zeitungsbericht?
- ❖ Stimmt die Rechtschreibung?

Weitere Aufgaben

Aus einer anderen Perspektive schreiben

Ernest Hemingway: Alter Mann an der Brücke

Text aus: Ernest Hemingway: 49 stories. Hamburg: Rowohlt Verlag 1950.

Aufgabe Schreibe die Geschichte aus der Perspektive des alten Mannes, der im Staub sitzt und nicht weitergehen kann.

☞ **Kleine Hinweise und Hilfen:**

- **Personen/Figuren; äußere/innere Handlung; Stimmung:**
  Überlege, in welcher Situation der alte Mann sich befindet, welche Hoffnung er hat und wie er den Soldaten sieht.
- **Textsorte:**
  Es bietet sich der ➤ innere Monolog an.
- **Sprache/Stilmittel:**
  Hier ist der Zustand des Mannes zu beachten. Er ist müde, spricht eintönig und wiederholt sich.

Eine andere Schreibform wählen

Wolfdietrich Schnurre: Reusenheben

Text aus: Wolfdietrich Schnurre: Die Erzählungen. Olten und Freiburg: Walter Verlag 1966.

Aufgabe Der Mord an der Frau kommt heraus. Es gibt eine Gerichtsverhandlung. Auch der Junge wird verhört und die Presse berichtet davon. Schreibe den Zeitungsbericht.

☞ **Kleine Hinweise und Hilfen:**

- **Personen, Handlung:**
  Was bietet die Erzählung an Informationen, welche müssen aus dem Zusammenhang noch dazukommen?
- **Textsorte/Sprache:**
  Denke an die „sechs W's" und an den Aufbau eines Zeitungsberichts.
- **Ort, Zeit:**
  Diese musst du selbst festlegen. Die Geschichte spielt in einem Moorgebiet an einem See in Deutschland.

2.3 Parallel- und Gegentexte verfassen (Satiren und Grotesken)

MUSTER

Art Buchwald: Vor Journalisten wird gewarnt

Ich habe einen Brief von einem Insassen eines amerikanischen Zuchthauses bekommen. Er schreibt, nach Verbüßung einer dreijährigen Strafe werde er im nächsten Monat entlassen. Und dann erkundigt er sich, was er tun müsse, um Journalist zu werden. Im Allgemeinen quäle ich mich nicht damit ab, diese Frage brieflich zu beantworten. Nach der Lektüre des Sträflingsbriefes hatte ich aber das Gefühl, dass ich dem Mann Ratschläge erteilen müsse. Denn schließlich hatte er seine Schuld abgebüßt. Und deshalb sollte er nicht wieder auf Abwege geraten – was aber prompt passieren würde, wenn er den Journalistenberuf ergriffe.

Mein Brief lautete:

„Sehr geehrter 189654,

ich danke Ihnen für Ihren Brief. Sie haben mich gefragt, auf welche Weise Sie Journalist werden könnten. Es fällt mir sehr schwer, Sie da richtig zu beraten.

Zunächst einmal müssen Sie eine Schreibmaschine klauen.

Dann stibitzen Sie sich ein bisschen Papier, spannen einen Bogen in die Maschine ein und fangen an, sich selbst eine Grube zu graben. Wenn Sie mit dem Artikel fertig sind, drücken Sie ihn einem Redakteur in die Hand, der Ihrem Manuskript alsbald mordgierig zu Leibe rückt. Wenn dann der Artikel schließlich in der Zeitung erscheint, erkennen Sie ihn nicht mehr wieder und wollen die ganze Redaktion erwürgen. Am nächsten Tag ruft derjenige, mit dem Sie sich in Ihrem Artikel beschäftigt haben, bei Ihnen an und sagt, Sie seien ein armseliger Lump. Sie protestieren. Ihnen sei nichts vorzuwerfen, denn die Redaktion sei an allem schuld. Der Mann am anderen Ende brüllt daraufhin, von Rechts wegen müssten Sie für einen solchen Artikel eingesperrt werden. Falls Sie ihm jemals über den Weg laufen, würde er Sie niederknallen.

Sie gehen zum Chefredakteur, um sich darüber zu beschweren, dass Ihr Manuskript verhunzt worden sei. Er sagt nur: ‚Sie haben hier gar nichts zu bestimmen. Ihre Probezeit ist noch lange nicht abgelaufen.'

‚Aber ich habe doch das Recht, mich zu verteidigen', erwidern Sie.

‚Sie halten mich auf', knurrt der Chefredakteur. ‚Hauen Sie ab, bevor mir die Galle überläuft.'

Um den Ärger hinunterzuspülen, gehen Sie in eine Bar. Dort rennen Sie einem Presseagenten in die Arme, der Sie sofort zu einem Drink einlädt. Daraufhin sind Sie ihm einen Gefallen schuldig. Er bestellt Ihnen noch einen Drink, und nun schulden Sie ihm zwei Gefallen. Schließlich besticht er Sie mit einer Einladung zum Mittagessen. Hinterher erpresst er Sie dann zu einer Lobpreisung über einen der von ihm vertretenen Autoren. Hat er Sie aber erst einmal am Wickel, gibt es kein Entrinnen mehr. Sie geraten einem Presseagenten nach dem anderen in die Hände, und eine Einladung zeugt die nächste. Sehr bald sind Sie abhängig von solchen Almosen und schreiben nichts, wenn Sie nicht jeden Tag Ihre milde Gabe empfangen. Schließlich kommt aber der Tag, wo sich kein Almosenspender zeigt. Ihnen bricht der kalte Schweiß aus, Sie zittern am ganzen Leibe und bekommen das Zähneklappern. Sie können nicht arbeiten, Sie können überhaupt nichts mehr tun. Nach einem vergeblichen Bittgang zu irgendeinem Emporkömmling, der sich verleugnen lässt, bekommen Sie einen Weinkrampf. Nunmehr sind Sie zu jeder Schandtat bereit. Die Presseagenten wissen das. Sie rücken mit ihren Vervielfältigungsapparaten an und trichtern Ihnen ein, was Sie schreiben sollen.

Aber der eigentliche Grund, warum ich Ihnen vom Journalistengewerbe abrate, ist folgender: Wie bei allen Journalisten würde auch bei Ihnen der Tag kommen, an dem Sie Ihr erstes Honorar erhalten. Und wenn Sie dann sehen, was ein Journalist bezahlt bekommt, bleibt Ihnen kaum etwas anderes übrig, als einen Raubüberfall auf die nächste Tankstelle zu verüben."

(Aus: Art Buchwald: Was kostet die Welt? München: Deutscher Taschenbuch Verlag 1966, S. 92–94. © Scherz Verlag, München)

© Verlagsarchiv F. Schöningh/Veronika Wypior

Muster
Einen Paralleltext verfassen | **43**

Aufgabe Schreibe auf der Grundlage dieser Satire einen Brief an jemanden, der Fernsehmoderator einer Nachmittags-Talkshow werden möchte.

Worauf zielt die Aufgabe?

❖ Unterstreiche die Schlüsselwörter der Aufgabenstellung.

Aufgabe Schreibe <u>auf der Grundlage</u> dieser <u>Satire</u> einen <u>Brief</u> an jemanden, der Fernsehmoderator einer <u>Nachmittags-Talkshow</u> werden möchte.

❖ Gib den Inhalt so knapp wie möglich in eigenen Worten wieder.

Ein Sträfling wendet sich in einem Brief an den Autor mit der Frage, wie er Journalist werden kann. Dieser verleiht ihm vermeintlich objektive Einsichten in den Alltag dieses Berufs. Dabei werden die Tücken des Journalistengewerbes satirisch dargestellt.

❖ Setze den Ausgangstext in Beziehung zu dem von dir zu schreibenden Text.

```
Ausgangstext              zu schreibender Text
Satire (Brief)    →       Satire (Brief)
```

Deine Aufgabe wird also sein,
einen Paralleltext in der Form eines fiktiven Briefes zu schreiben, in dem du mit den Mitteln der Satire die Tücken der Fernseh-Talkshows satirisch darstellst.

Meine Werkzeuge für die Aufgabenstellung

Personen/Figuren	Äußere/innere Handlung
Zeit/Ort	Stimmung
Perspektive des Schreibens	Sprache/Stilmittel
Textsorte	

❖ Nimm die Schlüsselbegriffe der Themenstellung und setze sie zu deinem literarischen Wissen in Beziehung.

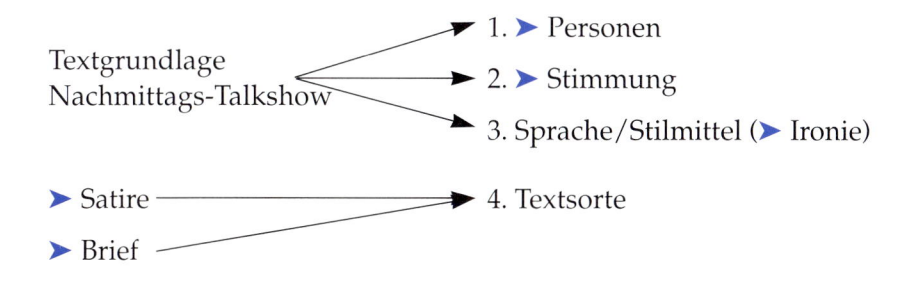

Textgrundlage
Nachmittags-Talkshow
  → 1. ▶ Personen
  → 2. ▶ Stimmung
  → 3. Sprache/Stilmittel (▶ Ironie)

▶ Satire
▶ Brief
  → 4. Textsorte

Muster
Einen Paralleltext verfassen

Was erfahre ich im vorliegenden Text für die Aufgabenstellung?

1. Personen/Figuren

❖ Suche Textstellen, die etwas über die Arbeit in einer Redaktion aussagen.

Für diese Aufgabenstellung eignet sich am besten eine ▷ Tabelle, weil sie einen schnellen Überblick über die Arbeit in einer Redaktion zulässt. So kann man den Redaktionsmitgliedern leicht die entsprechenden Aktivitäten zuordnen.

(Die Tabelle hat schon hier 3 Spalten und eingezogene Auswertungszeilen, die später alle gebraucht werden.)

Beruf	Aktivitäten	Sprache/Stilmittel
Journalist	– beschafft sich die benötigten Utensilien (Z. 25ff.) – schreibt Artikel (Z. 31) – …	– …
Auswertung Journalist	– …	– …
Redakteur	– …	– …
Auswertung Redakteur	– …	– …
Chefredakteur	– …	– …
Auswertung Chefredakteur	– …	– …

❖ Fahre in der vorgegebenen Weise fort, sammle alle Informationen zu den Personen.

❖ Werte die Textinformationen aus, indem du sie bei den Aktivitäten zusammenfasst.

Beruf	Aktivitäten	Sprache/Stilmittel
Journalist	– beschafft sich die benötigten Utensilien (Z. 25ff.) – schreibt Artikel (Z. 31) – …	–

Muster
Einen Paralleltext verfassen — 45

Auswertung Journalist	– erledigt die meiste Arbeit – wird beleidigt – wird bedroht – ...	– ...
Redakteur	– ...	– ...
Auswertung Redakteur	– ...	– ...
Chefredakteur	– ...	– ...
Auswertung Chefredakteur	– ...	– ...

❖ Fülle die Tabelle vollständig aus.

2. Stimmung

Die Stimmung des Ausgangstextes ist vom ersten Satz an heiter. Das beginnt bei der ungewöhnlichen Anrede und setzt sich fort mit den unwahrscheinlichen Ratschlägen, die Art Buchwald gibt. Von Anfang an stellt sich daher das Gefühl ein, dass die im Brief erteilten Ratschläge nicht ernst zu nehmen sind.

❖ Suche weitere Belege für diese Behauptung.

3. Sprache/Stilmittel

Die Wortwahl und die verwendeten Stilmittel unterstreichen die heitere Stimmung des Ausgangstextes.

❖ Fülle nun die dritte Spalte aus, in der du die Sprache in den gefundenen Textstellen untersuchst.

Beruf	Aktivitäten	Sprache/Stilmittel
Journalist	– beschafft sich die benötigten Utensilien (Z. 25ff.) – schreibt Artikel (Z. 31) – ...	*klaut Schreibmaschine; stibitzt Papier; gräbt sich selber eine Grube*
Auswertung Journalist	– erledigt die meiste Arbeit – wird beleidigt – wird bedroht – ...	– ...

Redakteur	– …	– …
Auswertung Redakteur	– …	– …
Chefredakteur	– …	– …
Auswertung Chefredakteur	– …	– …

4. Textsorte

4.1 Satire

Der Ausgangstext ist eine Satire. Satirische Texte sind weniger durch ihre Form als durch ihre Absicht (Autorintention) zu bestimmen. Durch die verzerrte und überspitzte Darstellung der Realität entlarvt der Satiriker gesellschaftliche, politische und kulturelle Unzulänglichkeiten, bestimmte Personen oder Institutionen. Dabei bedient er sich der Ironie und der spöttischen Übertreibung. Der Leser merkt bald, dass er hinter die geäußerten Sätze schauen muss. Als äußere Form kann die Satire jede andere literarische Gattung bekleiden.

4.2 Brief

Die vorliegende Satire ist in der Form eines Briefes verfasst. Diese Form solltest du auch beibehalten. Da es sich dabei lediglich um einen fiktiven Brief handelt, kannst du auf einige formale Aspekte (eigene Anschrift, Ort, Datum, usw.) verzichten. Andere, wie die Anrede oder der Gruß am Ende, dürfen nicht fehlen.

Ideen und Überlegungen für meinen Text

1. Personen/Figuren

Du musst dir vor allem etwas zu dem Beruf des Moderators einer Talkshow überlegen, da er im Zentrum der Aufgabenstellung steht. Dabei solltest du verschiedene Aspekte in Betracht ziehen:

❖ Als Erstes solltest du dir überlegen, welche Eigenschaften der Moderator einer Talkshow besitzen muss.

❖ Wichtig ist auch, wie eine solche Show vorbereitet wird und wie sie abläuft.

❖ Schließlich kannst du dir Gedanken darüber machen, was unmittelbar nach der Sendung noch passieren könnte.

Muster
Einen Paralleltext verfassen | **47**

Hier eignet sich am besten ein ▷ Brainstorming, damit du möglichst viel Material sammelst, das du später auswerten kannst.

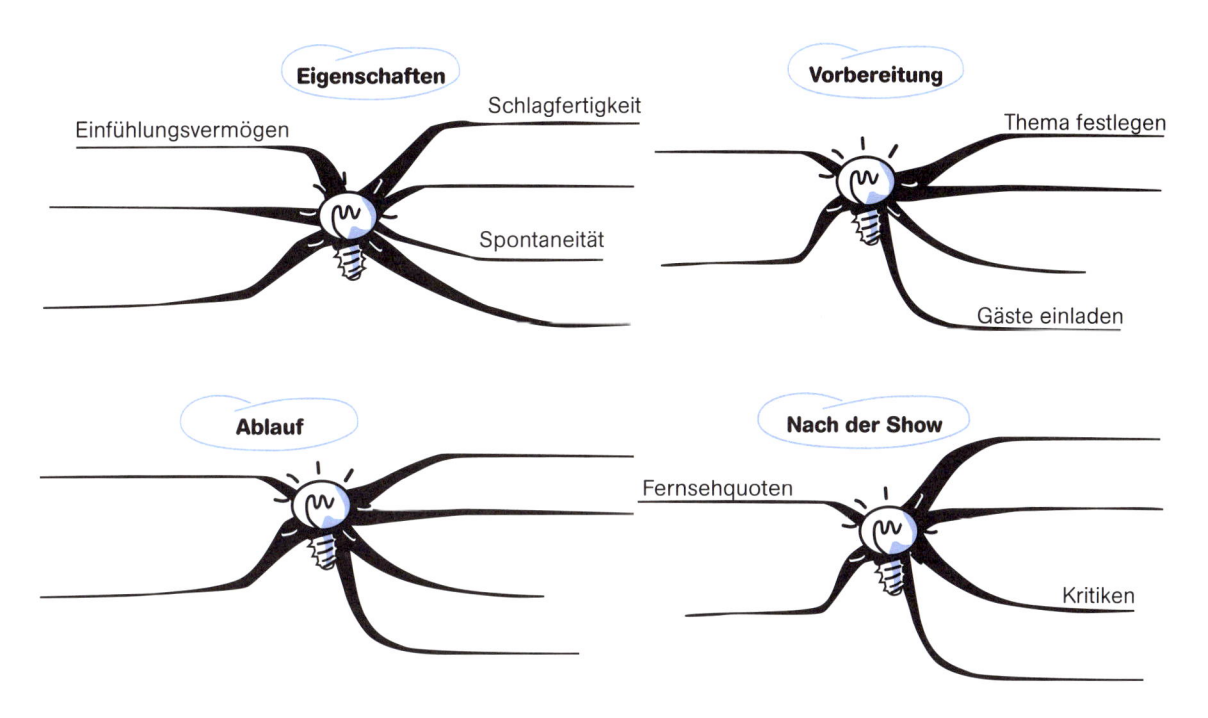

Eigenschaften
- Einfühlungsvermögen
- Schlagfertigkeit
- Spontaneität

Vorbereitung
- Thema festlegen
- Gäste einladen

Ablauf

Nach der Show
- Fernsehquoten
- Kritiken

❖ Setze das Brainstorming jeweils fort.

Hier eignet sich am besten die Überführung des Brainstormings in eine ▷ Mind-Map.

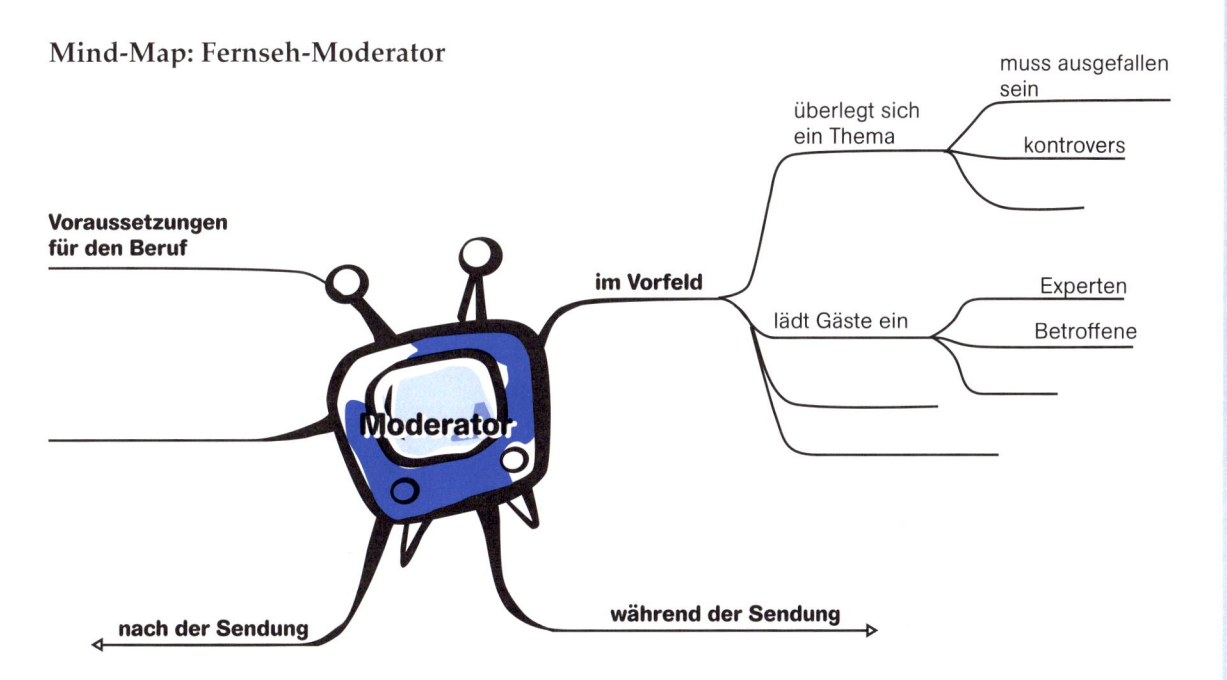

Mind-Map: Fernseh-Moderator

- **Voraussetzungen für den Beruf**
- **im Vorfeld**
  - überlegt sich ein Thema
    - muss ausgefallen sein
    - kontrovers
  - lädt Gäste ein
    - Experten
    - Betroffene
- **während der Sendung**
- **nach der Sendung**

Moderator

❖ Vervollständige diese Mind-Map.
❖ Überprüfe für deine Personendarstellung alle Einfälle auf ihre Brauchbarkeit hin.

Zum Beispiel: Welche Eigenschaften des Moderators könnte man auf die Schippe nehmen? Welche Situationen vor, während oder nach der Sendung würden sich für deine Satire eignen?

❖ Bewerte die weiteren Einfälle der Mind-Map. Wo lassen sich Parallelen zum Ausgangstext herstellen?

2. Stimmung

❖ Was eignet sich in deiner bewerteten Mind-Map besonders für die Erzeugung der heiteren Stimmung?

❖ Wo brauchen deine Mind-Maps Erweiterungen?

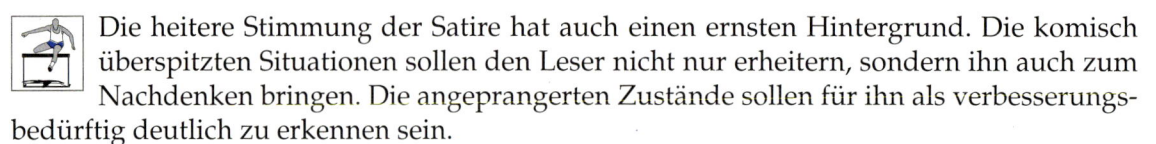

Die heitere Stimmung der Satire hat auch einen ernsten Hintergrund. Die komisch überspitzten Situationen sollen den Leser nicht nur erheitern, sondern ihn auch zum Nachdenken bringen. Die angeprangerten Zustände sollen für ihn als verbesserungsbedürftig deutlich zu erkennen sein.

3. Sprache/Stilmittel

Neben der treffenden, anschaulichen Wortwahl sind ➤ Ironie und Übertreibung die wichtigsten Werkzeuge, die dir zur Verfügung stehen. Auch wenn die Daily Talks in ihrer Themenwahl und bunten Palette der Gäste kaum zu übertreffen sind, dürfte es für dich kein Problem sein, auch noch etwas zu übertreiben.

❖ Überlege dir ein Thema für eine Talkshow.

❖ Beschreibe die Personen und Situationen so, dass der Leser sie sich bildhaft vorstellen kann. Dabei darfst du ruhig übertreiben.

4. Textsorte

4.1 Satire

Da die Aufgabenstellung von dir verlangt, dass du einen Paralleltext schreibst, muss auch dein Text eine Satire sein. Wie schon erwähnt, hat die Satire einen ernsten Kern. „Der Satiriker ist ein gekränkter Idealist", hat Kurt Tucholsky einmal gesagt, „er will die Welt gut haben, sie ist schlecht, und nun rennt er gegen das Schlechte an."

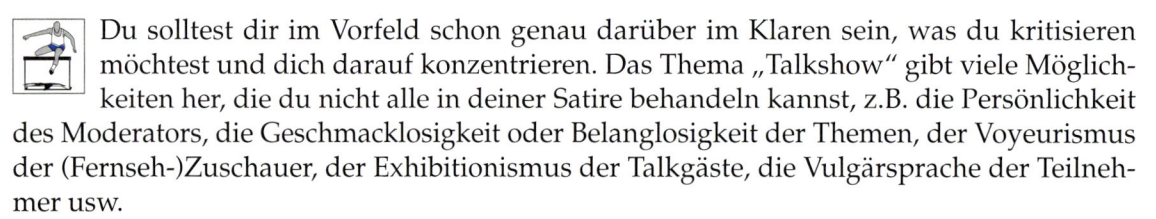

Du solltest dir im Vorfeld schon genau darüber im Klaren sein, was du kritisieren möchtest und dich darauf konzentrieren. Das Thema „Talkshow" gibt viele Möglichkeiten her, die du nicht alle in deiner Satire behandeln kannst, z.B. die Persönlichkeit des Moderators, die Geschmacklosigkeit oder Belanglosigkeit der Themen, der Voyeurismus der (Fernseh-)Zuschauer, der Exhibitionismus der Talkgäste, die Vulgärsprache der Teilnehmer usw.

❖ Welche Tücken der Fernseh-Talkshows möchtest du satirisch darstellen?

❖ Passt das mit deinen Mind-Map-Einfällen zusammen?

4.2 Brief

Die Aufgabenstellung verlangt von dir, dass du die Briefform beibehältst. Einen Paralleltext zu verfassen heißt aber nicht, dass du als Ausgangssituation auch einen Brief aus einem Gefängnis bekommen musst. So wäre es denkbar, dass du die entsprechende Anfrage eines Jugendlichen aus einer Jugendzeitschrift in der Form eines Leserbriefes beantwortest, oder du jemandem schreibst, der sich für eine Talkshow beworben hat.

❖ Überlege dir eine passende Ausgangssituation für deine Satire.

Muster
Einen Paralleltext verfassen | **49**

Wie formuliere ich meine Schreibziele?

Deine Schreibziele müssen sich auf der Grundlage der Aufgabenstellung an deinen eigenen Ideen orientieren. Deine Schreibziele könnten so aussehen:

Ich schreibe einen Brief, in dem ich die Tücken der Daily Talks satirisch darstelle. Dabei werde ich bestimmte typische Sachverhalte durch Ironie und Übertreibung entlarven.

Mein Text beginnt mit einer kurzen Schilderung der Situation, wie ich dazu kam, diesen Brief zu schreiben.

Ich schreibe aus der ▶ Ich-Perspektive.

Wie formuliere ich den ersten Satz und wie geht es weiter?

So könnte die Vorgeschichte beginnen:

Während einer Talkshow im Fernsehen meldete sich ein Junge aus dem Publikum und kündigte voller Bewunderung an, dass er auch gerne einmal eine solche Show moderieren möchte …

Meine Freundin aus Köln teilte mir neulich mit, dass sie sich bei einem Casting für Talkshow-Moderatoren beworben habe. Daraufhin sah ich es als meine Pflicht an, ihr brieflich mitzuteilen, dass …

Der Beruf des Talkshow-Moderators hat mich schon immer fasziniert. Ich wollte mehr darüber erfahren und …

Die vielen Briefe an meinen Lieblingsmoderator … haben sich gelohnt! Endlich erhielt ich von ihm eine Antwort …

> Hier eignet sich, nachdem du dich für eine bestimmte Ausgangssituation entschieden hast, am besten ▷ Drauflosschreiben und anschließendes Bewerten.

❖ Bewerte die verschiedenen Vorschläge oben. Welche eignen sich mehr, welche weniger?
❖ Schreibe jetzt deinen Paralleltext zu Art Buchwalds Satire *Vor Journalisten wird gewarnt*.
❖ Denke dabei immer wieder an deine Schreibziele, sodass du den roten Faden nicht verlierst.

Die Vorgeschichte könnte so anfangen:

Meine Freundin aus Köln teilte mir neulich mit, dass sie sich bei einem Casting für Talkshow-Moderatoren beworben habe. Daraufhin sah ich es als meine Pflicht an, ihr brieflich mitzuteilen, dass ich sie gerne im Fernsehen erleben würde. Als guter Freund müsse ich sie aber auch vor Abwegen schützen, auf die sie prompt geraten würde, wenn sie Talkshow-Moderatorin würde.

Mein Brief lautete:

*Liebe Freundin aus Köln,
ich freue mich, dass ich wieder etwas von dir gehört habe. Du willst also Talkshow-Moderatorin werden. Dazu musst du als Erstes die gute Erziehung, die du genossen hast, vergessen …*

❖ Schreibe weiter.

Muster
Einen Paralleltext verfassen

Wie überarbeite ich meinen Text?

❖ Hast du alles berücksichtigt, was in der Aufgabe steckt?

❖ Schau dir noch einmal dein Schreibziel an und erinnere dich an die Hürden, die du entdeckt hast.

Im Einzelnen:

❖ Sind die beschriebenen Situationen typisch – wenn auch übertrieben – für eine Talkshow?

❖ Ist die Ironie erkennbar und kräftig genug?

❖ Sind Spott und Übertreibung nachvollziehbar? Erreichen sie ihr Ziel?

❖ Bleibt die heitere Stimmungslage erhalten?

Bei einer Satire kommt es auf die richtige Wortwahl und Sprachbilder an.

Zum Beispiel kannst du schreiben:
Der Gast merkt nicht, dass er lächerlich gemacht wird.

Oder aber:
Der Gast merkt nicht, dass er durch den Kakao gezogen wird.

Oder:
Mancher Zuschauer könnte dich beim Wort nehmen, wenn du von ihm verlangst, dass er sich auf deine Seite schlägt.

Hier könnte dir ein Synonymwörterbuch oder ein idiomatisches Wörterbuch weiterhelfen. Mit ihnen kannst du deine Sätze im Text abklopfen. TIPP: Auch dein Textverarbeitungsprogramm kann dir gute Dienste erweisen. Beim rechten Mausklick auf das markierte Wort öffnet sich ein Fenster, das dich zu Synonymvorschlägen weiterleitet:

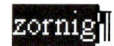

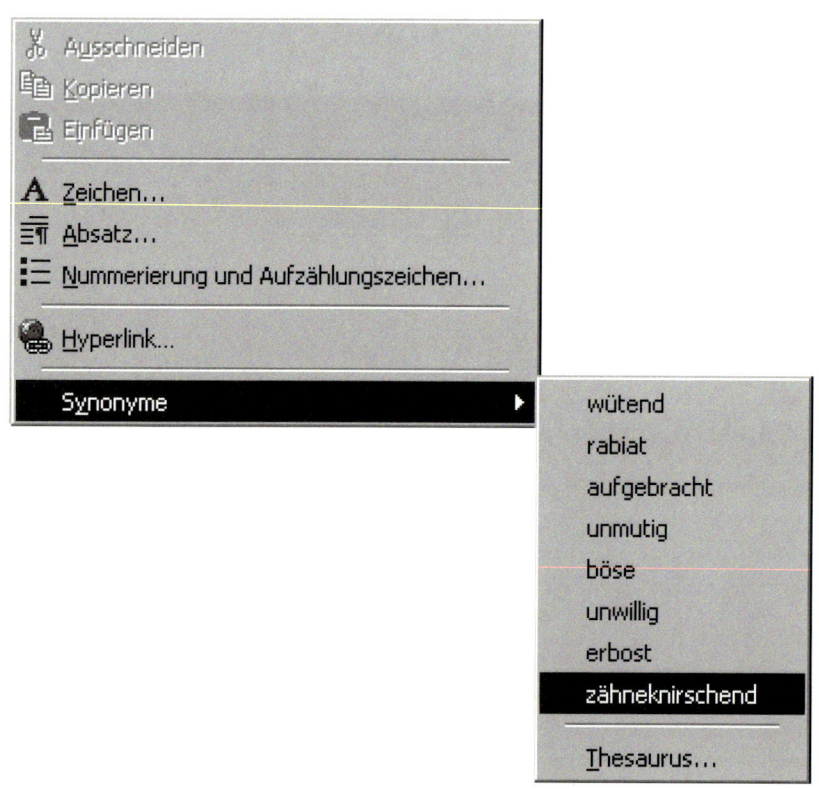

zornig

- Ausschneiden
- Kopieren
- Einfügen
- A Zeichen...
- Absatz...
- Nummerierung und Aufzählungszeichen...
- Hyperlink...
- Synonyme ▶
  - wütend
  - rabiat
  - aufgebracht
  - unmutig
  - böse
  - unwillig
  - erbost
  - **zähneknirschend**
  - Thesaurus...

❖ Zum Schluss solltest du prüfen, ob Satzanschlüsse und die Rechtschreibung stimmen.

Kurt Tucholsky: Die Kunst, falsch zu reisen

Wenn du reisen willst, verlange von der Gegend, in die du reist, *alles*: schöne Natur, den Komfort der Großstadt, kunstgeschichtliche Altertümer, billige Preise, Meer, Gebirge – also: vorn die Ostsee und hinten die Leipziger Straße. Ist das nicht vorhanden, dann schimpfe. Wenn du reist, nimm um Gottes willen keine Rücksicht auf deine Mitreisenden – sie legen es dir als Schwäche aus. Du hast bezahlt – die anderen fahren alle umsonst. Bedenke, daß es von ungeheurer Wichtigkeit ist, ob du einen Fensterplatz hast oder nicht; daß im Nichtraucher-Abteil einer raucht, muß sofort und in den schärfsten Ausdrücken gerügt werden – ist der Schaffner auch nicht da, dann vertritt ihn einstweilen und sei Polizei, Staat und rächende Nemesis in einem. Das verschönt die Reise. Sei überhaupt unliebenswürdig – daran erkennt man einen *Mann*.

Im Hotel bestellst du am besten ein Zimmer und fährst dann anderswohin. Bestell das Zimmer nicht ab; das hast du nicht nötig – nur nicht weich werden.

Bist du im Hotel angekommen, so schreib deinen Namen mit allen Titeln ein ... Hast du keinen Titel ... Verzeihung ... ich meine: wenn einer keinen Titel hat, dann erfinde er sich einen. Schreib nicht ‚Kaufmann', schreib: ‚Generaldirektor'. Das hebt sehr. Geh sodann unter heftigem Türenschlagen in dein Zimmer, gib um Gottes willen dem Stubenmädchen, von dem du ein paar Kleinigkeiten extra verlangst, kein Trinkgeld, das verdirbt das Volk; reinige deine staubigen Stiefel mit dem Handtuch, wirf ein Glas entzwei (sag aber keinem, der Hotelier hat so viele Gläser!), und begib dich sodann auf die Wanderung durch die fremde Stadt.

In der fremden Stadt mußt du zuerst einmal alles genauso haben wollen, wie es bei dir zu Hause ist – hat die Stadt das nicht, dann taugt sie nichts. Die Leute müssen also rechts fahren, dasselbe Telefon haben wie du, dieselbe Anordnung der Speisekarte und dieselben Retiraden[1]. Im übrigen sieh dir die Sehenswürdigkeiten an, die im Baedeker stehen. Treibe die Deinen erbarmungslos an alles heran, was im Reisehandbuch einen Stern hat – lauf blind an allem andern vorüber, und vor allem: rüste dich richtig aus. Bei Spaziergängen durch fremde Städte trägt man am besten kurze Gebirgshosen, einen kleinen grünen Hut (mit Rasierpinsel), schwere Nagelschuhe (für Museen sehr geeignet), und einen derben Knotenstock. Anseilen nur in Städten von 500 000 Einwohnern aufwärts.

Wenn deine Frau vor Müdigkeit umfällt, ist der richtige Augenblick gekommen, auf einen Aussichtsturm oder auf das Rathaus zu steigen; wenn man schon mal in der Fremde ist, muß man alles mitnehmen, was sie einem bietet. Verschwimmen dir zum Schluß die Einzelheiten vor Augen, so kannst du voller Stolz sagen: ich habs geschafft.

Mach dir einen Kostenvoranschlag, bevor du reist, und zwar auf den Pfennig genau, möglichst um hundert Mark zu gering – man kann das immer einsparen. Dadurch nämlich, daß man überall handelt; dergleichen macht beliebt und heitert überhaupt die Reise auf. Fahr lieber noch ein Endchen weiter, als es dein Geldbeutel gestattet, und bring den Rest dadurch ein, daß du zu Fuß gehst, wo die Wagenfahrt angenehmer ist; daß du zu wenig Trinkgelder gibst; und daß du überhaupt in jedem Fremden einen Aasgeier siehst. Vergiß dabei nie die Hauptregel jeder gesunden Reise:
Ärgere dich!

Sprich mit deiner Frau nur von den kleinen Sorgen des Alltags. Koch noch einmal allen Kummer auf, den du zu Hause im Büro gehabt hast; vergiß überhaupt nie, daß du einen Beruf hast.

Wenn du reisest, so sei das erste, was du nach jeder Ankunft in einem fremden Ort zu tun hast: Ansichtskarten zu schreiben. Die Ansichtskarten brauchst du

---
[1] hier: Toiletten

Aufgabe mit Lösungshilfen
Einen Gegentext verfassen

nicht zu bestellen: der Kellner sieht schon, daß du welche haben willst. Schreib unleserlich – das läßt auf gute Laune schließen. Schreib überall Ansichtskarten: auf der Bahn, in der Tropfsteingrotte, auf den Bergesgipfeln und im schwanken Kahn. Brich dabei den Füllbleistift ab und gieß Tinte aus dem Federhalter. Dann schimpfe.

Das Grundgesetz jeder richtigen Reise ist: es *muß was los sein* – und du mußt etwas ‚vorhaben'. Sonst ist die Reise keine Reise. Jede Ausspannung von Beruf und Arbeit beruht darin, daß man sich ein genaues Programm macht, es aber nicht innehält – hast du es nicht innegehalten, gib deiner Frau die Schuld.

Verlang überall ländliche Stille; ist sie da, schimpfe, daß nichts los ist. Eine anständige Sommerfrische besteht in einer Anhäufung derselben Menschen, die du bei dir zu Hause siehst, sowie in einer Gebirgsbar, einem Oceandancing und einer Weinabteilung. Besuche dergleichen – halte dich dabei an deine gute, bewährte Tracht: kurze Hose, kleiner Hut (siehe oben). Sieh dich sodann im Raume um und sprich: „Na, elegant ist es hier gerade nicht!"

Haben die andern einen Smoking an, so sagst du am besten: „Fatzkerei, auf die Reise einen Smoking mitzunehmen!" – hast *du* einen an, die andern aber nicht, mach mit deiner Frau Krach.

Durcheile die fremden Städte und Dörfer – wenn dir die Zunge nicht heraushängt, hast du falsch disponiert; außerdem ist der Zug, den du noch erreichen mußt, wichtiger als eine stille Abendstunde. Stille Abendstunden sind Mumpitz; dazu reist man nicht.

Auf der Reise muß alles etwas besser sein, als du es zu Hause hast. Schieb dem Kellner die nicht gut eingekühlte Flasche Wein mit einer Miene zurück, in der geschrieben steht: „Wenn mir mein Haushofmeister den Wein so aus dem Keller bringt, ist er entlassen!" Tu immer so, als seiest du aufgewachsen bei …

Mit den lächerlichen Einheimischen sprich auf alle Fälle gleich von Politik, Religion und dem Krieg. Halte mit deiner Meinung nicht hinterm Berg, sag alles frei heraus! Immer gib ihm! Sprich laut, damit man dich hört – viele fremde Völker sind ohnehin schwerhörig. Wenn du dich amüsierst, dann lach, aber so laut, daß sich die andern ärgern, die in ihrer Dummheit nicht wissen, worüber du lachst. Sprichst du fremde Sprachen nicht sehr gut, dann schrei: man versteht dich dann besser.

Laß dir nicht imponieren.

Seid ihr mehrere Männer, so ist es gut, wenn ihr an hohen Aussichtspunkten etwas im Vierfarbendruck singt. Die Natur hat das gerne.

Handele. Schimpfe. Ärgere dich. Und mach Betrieb.

Aus lizenzrechtlichen Gründen ist dieser Text nicht in reformierter Rechtschreibung abgedruckt.

(Aus: Kurt Tucholsky, Gesammelte Werke, Bd. 7, Rowohlt Verlag, Reinbek bei Hamburg 1993, S. 115–117)

Aufgabe Verfasse einen Gegentext zu dieser Satire von Kurt Tucholsky. Er soll den Titel tragen: „Die Kunst, richtig zu reisen."

Worauf zielt die Aufgabe?

- ❖ Unterstreiche/markiere die Schlüsselwörter der Aufgabenstellung.
- ❖ Mache dich mit dem Inhalt des Textes vertraut und gib ihn in knappen Worten wieder.
- ❖ Setze den Ausgangstext in Beziehung zu dem von dir zu schreibenden Text.
- ❖ Gib deine Aufgabe in knappen Worten wieder.

Aufgabenlösung wie in der Mustereinheit.

Aufgabe mit Lösungshilfen
Einen Gegentext verfassen
53

Meine Werkzeuge für die Aufgabenstellung

Personen/Figuren	Äußere/innere Handlung
Zeit/Ort	Stimmung
Perspektive des Schreibens	Sprache/Stilmittel
Textsorte	

❖ Nimm die Schlüsselbegriffe der Themenstellung und setze sie zu deinem literarischen Wissen in Beziehung.

Was erfahre ich im vorliegenden Text für die Aufgabenstellung?

1. Personen/Figuren

❖ Suche Textstellen, die etwas über die Personen aussagen.

Für diese Aufgabenstellung eignet sich am besten wieder eine ▷ Tabelle, weil sie einen schnellen Überblick über die Hauptfigur zulässt. Spaltentitel sind die vorgegebene Situation und die Verhaltensweise der Person.

Situation	Verhalten
– Mitreisende – Hotel – …	– rücksichtslos – …

❖ Fahre in der vorgegebenen Weise fort, sammle alle Informationen zu der Hauptfigur.

❖ Werte die Textinformationen aus.

Situation	Verhalten
↓	↓
– gegenüber Familienmitgliedern – gegenüber …	

❖ Vervollständige die Tabelle.

2. Stimmung

❖ Welche Stimmung strahlt der Text aus? Wie wird sie erzeugt?

❖ Warum spricht Tucholsky den Leser in der 2. Person Singular an? Wie wirkt sich dies auf die Stimmungslage des Textes aus?

3. Sprache/Stilmittel

❖ Untersuche die Wortwahl und die Stilmittel des Ausgangstextes.

Aufgabenlösung wie in der Mustereinheit.

Aufgabe mit Lösungshilfen
Einen Gegentext verfassen

4. Textsorte

4.1 Satire

Tucholskys Text ist eine Satire.

❖ Rufe dir kurz die Besonderheiten einer Satire ins Gedächtnis.

Aufgabenlösung wie in der Mustereinheit.

4.2 Ratgebertext

Tucholskys Satire liegt ein Ratgebertext zugrunde.

Ideen und Überlegungen für meinen Text

1. Personen/Figuren

Für deinen Schreibauftrag solltest du dir eine Reihe von Fragen überlegen:

❖ Wie sollte sich ein Urlauber im Ausland verhalten?

❖ Welche Verhaltensregeln sind an öffentlichen Plätzen wichtig?

❖ Was ist bei einer Autofahrt zu berücksichtigen?

❖ Wie verhält man sich in öffentlichen Verkehrsmitteln?

Bei all diesen Fragen eignet sich besonders gut ein ▷ Brainstorming, damit du viel Material erhältst, um einige Möglichkeiten zu erzeugen.

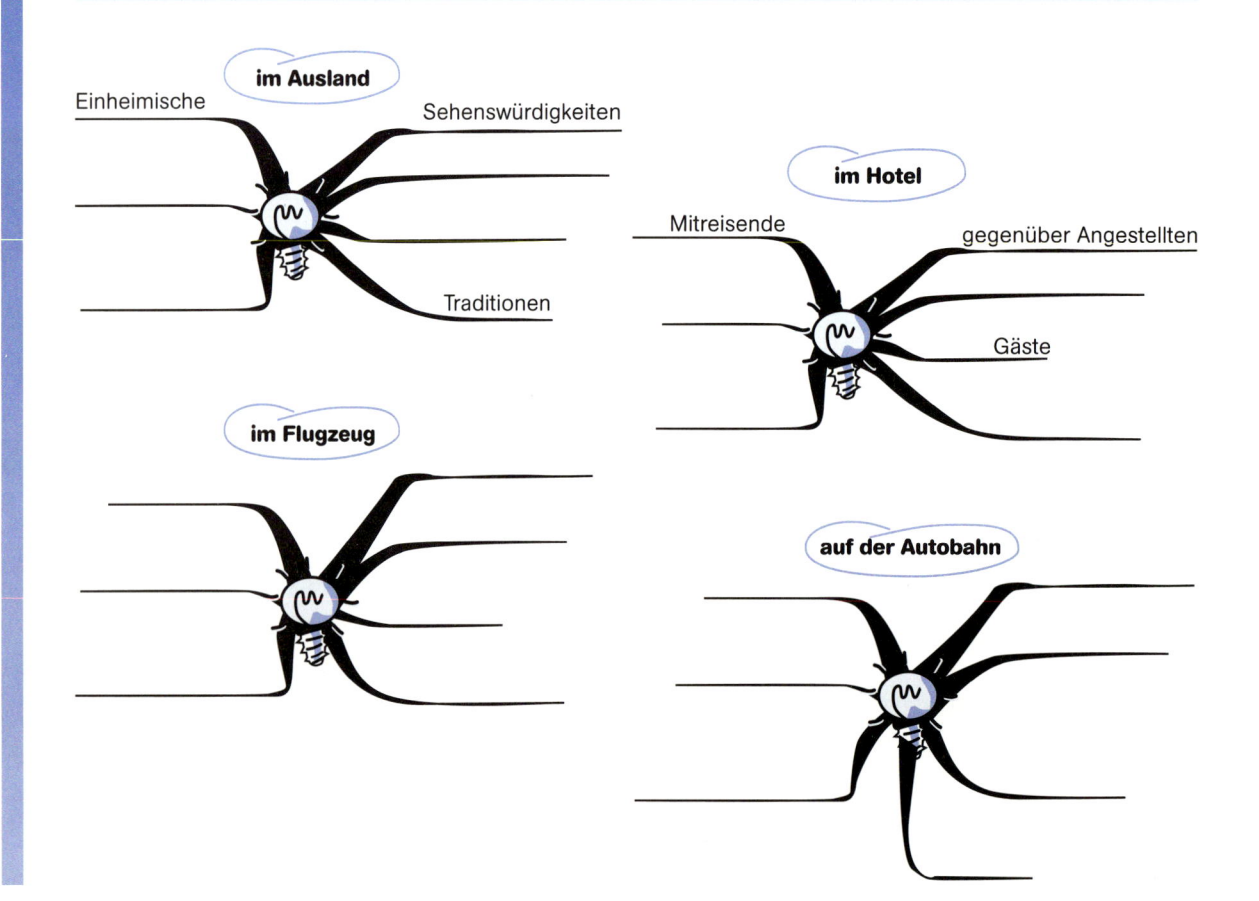

im Ausland: Einheimische, Sehenswürdigkeiten, Traditionen

im Hotel: Mitreisende, gegenüber Angestellten, Gäste

im Flugzeug

auf der Autobahn

Aufgabe mit Lösungshilfen
Einen Gegentext verfassen

❖ Setze das Brainstorming jeweils fort.

Aufgabenlösung wie in der Mustereinheit.
Erkläre, warum sich hier ein Brainstorming besonders eignet.

Als Nächstes musst du deine Einfälle strukturieren, um mögliche Erzählstränge zu finden.

Hier eignet sich am besten die Überführung des Brainstorming in eine Mind-Map.

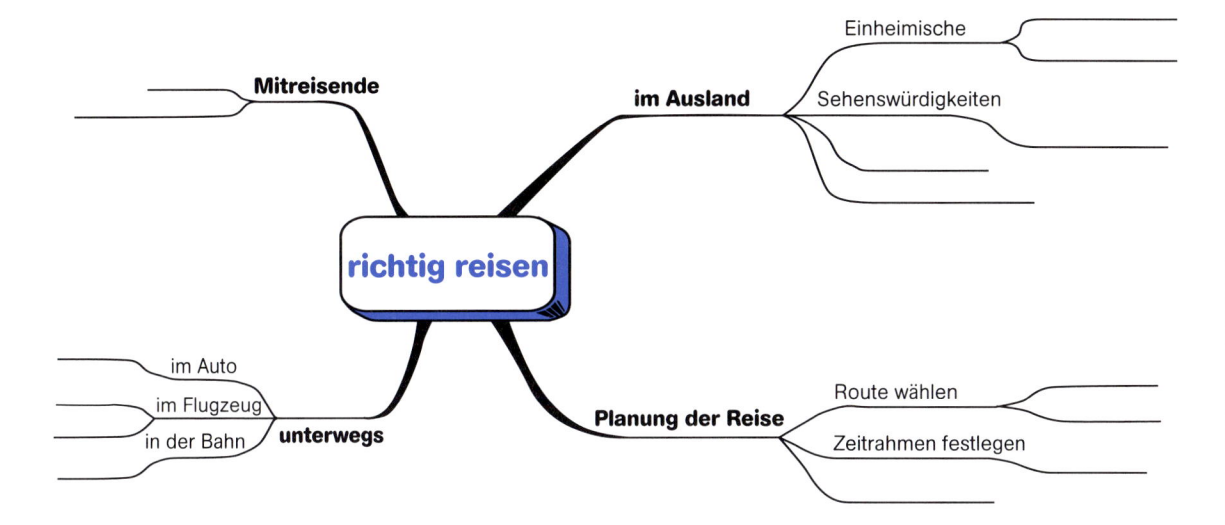

```
                Mitreisende              im Ausland ─── Einheimische
                                                    └── Sehenswürdigkeiten
                        ┌─────────────┐
                        │ richtig reisen │
                        └─────────────┘
    im Auto                                  Planung der Reise ─── Route wählen
    im Flugzeug                                                └── Zeitrahmen festlegen
    in der Bahn   unterwegs
```

❖ Suche weitere Möglichkeiten.

Aufgabenlösung analog zur Mustereinheit.

2. Stimmung

❖ Musst du die Stimmung des Ausgangstextes beibehalten?

3. Sprache/Stilmittel

❖ Vorsicht! Du sollst einen Gegentext schreiben. Dir stehen also nicht die Mittel der Satire zur Verfügung! Vielmehr musst du sprachliche Möglichkeiten suchen, um den Leser von der Richtigkeit deiner Thesen zu überzeugen.

4. Textsorte

4.1 Satire

❖ Vorsicht! Bei dem Text, den du schreiben sollst, ist keine Satire gefordert, sondern ein ernsthafter Ratgebertext!

4.2 Ratgebertext

Die Aufgabenstellung verlangt, dass dein Text keine Satire sein soll. Vielmehr deutet ein Text mit der Überschrift „Die Kunst, richtig zu reisen" auf eine Anleitung zum richtigen Verhalten auf Reisen, hin. Dennoch sollte dein Text als guter Ratgeber eher literarisch und nicht nur sachlich abgefasst sein.

Aufgabe mit Lösungshilfen
Einen Gegentext verfassen

- ❖ Was kannst du von Tucholsky übernehmen, auch wenn dein Text ein ernsthafter Ratgebertext sein soll?
- ❖ Kannst du die äußere Form des Ausgangstextes beibehalten?
- ❖ Gibt es Alternativen dazu?
- ❖ Entscheide dich für eine Möglichkeit!

Wie formuliere ich meine Schreibziele?

Dein Schreibziel muss sich auf der Grundlage der Aufgabenstellung an deinen eigenen Ideen orientieren.

- ❖ Entscheide dich für die Sachverhalte, die du erörtern möchtest, wie du sie mithilfe der Mind-Map entwickelt hast.
- ❖ Achte darauf, dass man den Text als Ratgebertext erkennt.
- ❖ Achte auf Möglichkeiten, die Überzeugungskraft deiner Aussagen zu steigern.
- ❖ Es ist von der „Kunst", richtig zu reisen, die Rede. Arbeite heraus, dass es eine Kunst ist.

Aufgabenlösung anders als im Ausgangstext, da eine andere Textform verlangt ist.

Wie formuliere ich den ersten Satz und wie geht es weiter?

Wenn du reisen willst, erwarte nicht von der Gegend, in die du reist ...

- ❖ Suche weitere Formulierungen und bewerte sie.
- ❖ Schreibe jetzt den Gegentext mit dem Titel: Die Kunst, richtig zu reisen.
- ❖ Denke dabei immer wieder an deine Schreibziele, sodass du den roten Faden nicht verlierst.

Aufgabenlösung wie in der Mustereinheit.

Wie überarbeite ich meinen Text?

- ❖ Hast du alles berücksichtigt, was in der Aufgabe steckt?
- ❖ Schau dir noch einmal deine Schreibziele an und erinnere dich an die Hürden, die du entdeckt hast.
- ❖ Ist dein Text zusammenhängend und nachvollziehbar?
- ❖ Ist er dennoch keine Erörterung im klassischen Sinne?
- ❖ Stimmen die Satzanschlüsse und die Rechtschreibung?

Weitere Aufgaben

Einen Paralleltext schreiben

Paul Watzlawick: Die Geschichte mit dem Hammer

Text aus: Paul Watzlawick: Anleitung zum Unglücklichsein. Berlin: Koch's Verlag Nachfolger.

Aufgabe Schreibe einen Paralleltext zu der ➤ Anekdote von Paul Watzlawick, in der ein Mann auf dem Weg ist, seiner Verlobten den Heiratsantrag zu machen.

☞ Kleine Hinweise und Hilfen:

- **Personen/Figuren; äußere/innere Handlung; Stimmung:**
  Überlege dir: Hoffnungen, Versprechungen, Erwartungen – Ängste, Missverständnisse, doppeldeutige Situationen
- **Stimmung, Sprache/Stilmittel**
  Beachte die Entwicklung der Gefühlslage der Hauptperson.
- **Schreibperspektive:**
  Halte die Er-Perspektive ein.
- **Textsorte:**
  Es empfiehlt sich, den skizzenhaften Stil beizubehalten. Überlege dir eine überraschende Schlusspointe.

Einen Gegentext schreiben

Heinrich Böll: Mein trauriges Gesicht

Text aus: Heinrich Böll: Wanderer, kommst du nach Spa ..., Frankfurt: Ullstein Verlag 1962, S. 155ff. in diesem Heft, S. 33–36

Aufgabe Schreibe einen Gegentext zur ➤ Groteske von Heinrich Böll mit dem Titel *Mein glückliches Gesicht*.

☞ Kleine Hinweise und Hilfen:

- **Personen/Figuren; äußere/innere Handlung; Stimmung:**
  Überlege dir: zu beschreibende Situation – warum sollte das Glücklichsein per Gesetz verboten sein? Wie würden sich die Menschen verhalten, wenn es ein solches Gesetz gäbe? Welchen Einfluss hätte dies auf die zwischenmenschlichen Beziehungen? Welche Stimmung würde auf den Straßen herrschen? Welche in deinem Text?
- **Schreibperspektive:**
  Halte die Ich-Perspektive ein.
- **Sprache/Stilmittel; Textsorte:**
  Welche typischen Stilmittel der Textsorte Groteske stehen dir zur Verfügung?
- **Schreibziele:**
  Was soll der Leser aus deiner Geschichte lernen?

2.4 Texte subjektiv verarbeiten (Romanauszüge)

Max Frisch: Homo Faber

„Du mit deiner Statistik!" sagt sie. „Wenn ich hundert Töchter hätte, alle von einer Viper gebissen, dann ja! Dann würde ich nur drei bis zehn Töchter verlieren. Erstaunlich wenig! Du hast vollkommen recht."
Ihr Lachen dabei.
„Ich habe nur ein einziges Kind!" sagt sie.
Ich widersprach nicht, trotzdem bekamen wir beinahe Streit, plötzlich hatten wir die Nerven verloren. Es begann mit einer Bemerkung meinerseits.
„Hanna", sage ich, „du tust wie eine Henne!"
Es war mir so herausgerutscht.
„Entschuldige", sage ich, „aber es ist so!"
Ich merkte erst später, was mich ärgerte: – Ich war aus dem Bad gekommen, Hanna am Telefon, sie hatte das Hospital angerufen, während ich im Badezimmer war – sie redete mit Elsbeth. Ich hörte alles, ohne zu wollen. Kein Wort über mich. –

Sie redete, als gebe es nur Hanna, die Mutter, die um Sabeth gebangt hatte und sich freute, daß das Mädchen sich langsam wohler fühlte, sogar reden konnte, sie redeten deutsch, bis ich ins Zimmer trat, dann wechselte Hanna auf griechisch. Ich verstand kein Wort. Dann hängte sie den Hörer auf.
„Wie geht es?" frage ich.
Hanna sehr erleichtert –
„Hast du gesagt", frage ich, „daß ich hier bin?"
Hanna nahm sich eine Zigarette.
„Nein", sagt sie.
Hanna tat sehr merkwürdig, und ich glaubte es einfach nicht, daß das Mädchen nicht nach mir gefragt hätte; mindestens hatte ich ein Recht darauf, scheint mir, alles zu wissen, was gesprochen worden war.
„Komm", sagt Hanna, „essen wir etwas."
Was mich wütend machte: ihr Lächeln, als hätte ich kein Recht darauf, alles zu wissen.
„Komm", sagt Hanna, „setz dich."
Ich setzte mich aber nicht.
„Wieso bist du gekränkt, wenn ich mit meinem Kind spreche?", sagt sie. „Wieso?"
Sie tat wirklich (wie es die Art aller Frauen ist, vermute ich, auch wenn sie noch so intellektuell sind) wie eine Henne, die ihr Junges unter die Flügel nehmen muß; daher meine Bemerkung mit der Henne, ein Wort gab das andere, Hanna war außer sich wegen meiner Bemerkung, weibischer als ich sie je gesehen habe.
Ihr ewiges Argument:
„Sie ist mein Kind, nicht dein Kind."
Daher meine Frage:
„Stimmt es, daß Joachim ihr Vater ist?"
Darauf keine Antwort.
„Laß mich!" sagt sie. „Was willst du überhaupt von mir? Ich habe Elsbeth ein halbes Jahr lang nicht gesehen, plötzlich dieser Anruf vom Hospital, ich komme und finde sie bewußtlos – weiß nicht, was geschehen ist."
Ich nahm alles zurück.
„Du", sagt sie, „du – was hast du zu sprechen mit meiner Tochter? Was willst du überhaupt von ihr? Was hast du mit ihr?"
Ich sah, wie sie zitterte.

© Archiv/Interfoto

Muster
Einen Tagebucheintrag schreiben | 59

Hanna ist alles andere als eine alte Frau, aber ich sah natürlich ihre mürbe Haut, ihre Tränensäcke, ihre Schläfen mit Krähenfüßen, die mich nicht stören, aber ich sah sie. Hanna war magerer geworden, zarter. Ihr Alter stand ihr eigentlich sehr gut, fand ich, vor allem im Gesicht, abgesehen von der Haut unter ihrem Kinn, die mich an die Haut von Eidechsen erinnert – Ich nahm alles zurück.
Ich verstand ohne weiteres, daß Hanna an ihrem Kind hängt, daß sie die Tage gezählt hat, bis das Kind wieder nach Hause kommt, und daß es für eine Mutter nicht leicht ist, wenn das Kind, das einzige, zum ersten Mal in die Welt hinaus reist.
„Sie ist ja kein Kind mehr", sagt sie, „ich selber habe sie ja auf diese Reise geschickt, eines Tages muß sie ja ihr eigenes Leben führen, das ist mir klar, daß sie eines Tages nicht wiederkommt" –
Ich ließ Hanna sprechen.
„Das ist nun einmal so", sagt sie, „wir können das Leben nicht in unseren Armen behalten, Walter, auch du nicht."
„Ich weiß!" sage ich.
„Warum versuchst du es denn?" fragt sie.
Ich verstand Hanna nicht immer.
„Das Leben geht mit den Kindern", sagt sie –
Ich hatte mich nach ihrer Arbeit erkundigt.

„Das ist nun einmal so", sagt sie, „wir können uns nicht mit unseren Kindern nochmals verheiraten."
Keine Antwort auf meine Frage.
„Walter", fragt sie, „wie alt bist du jetzt?"
Dann eben ihr Ausspruch: sie habe nicht hundert Töchter, sondern eine einzige (was ich wußte) und ihre Tochter hätte nur ein einziges Leben (was ich ebenfalls wußte) wie jeder Mensch; auch sie, Hanna, hätte nur ein einziges Leben, ein Leben, das verpfuscht sei, und auch ich (ob ich es wisse?) hätte nur ein einziges Leben.
„Hanna", sage ich, „das wissen wir."
Unser Essen wurde kalt.
„Wieso verpfuscht?" frage ich.
Hanna rauchte. Statt zu essen.
„Du bist ein Mann", sagte sie, „ich bin eine Frau – das ist ein Unterschied, Walter."
„Hoffentlich!" lache ich.
„Ich werde keine Kinder mehr haben –"
Das sagte sie im Laufe des Abends zweimal.
„Was ich arbeite?" sagt sie. „Du siehst es ja, Scherbenarbeit. Das soll eine Vase gewesen sein. Kreta. Ich kleistere die Vergangenheit zusammen – "

Aus lizenzrechtlichen Gründen ist dieser Text nicht in reformierter Rechtschreibung abgedruckt.
(Aus: Max Frisch: Homo Faber, Frankfurt: Suhrkamp Verlag 14. Auflage 1982, S. 136–139)

Aufgabe Versetze dich in Hannas Lage und schreibe einen Tagebucheintrag über den Abend, den sie gemeinsam mit Walter verbracht hat.

Worauf zielt die Aufgabe?

❖ Unterstreiche die Schlüsselwörter der Aufgabenstellung.

Aufgabe Versetze dich in <u>Hannas Lage</u> und schreibe einen <u>Tagebucheintrag</u> über den <u>Abend</u>, den sie gemeinsam mit Walter verbracht hat.

❖ Vergegenwärtige dir den Inhalt von Roman und Textauszug, indem du
   a) die Szene in den Gesamtzusammenhang des Romans einordnest!

Walter Faber hat mit Sabeth einen ungeplanten Urlaub verbracht. Erst unterwegs hat er erfahren, dass Sabeth die Tochter Hannas, seiner früheren Geliebten, ist. Er weiß zu diesem Zeitpunkt allerdings noch nicht, dass er der Vater Sabeths ist.
Als die beiden kurz vor dem Ende ihrer Reise einen Tag in der Nähe von Athen am Strand verbringen, wird Sabeth von einer Schlange gebissen. Walter bringt sie ins Krankenhaus nach Athen, wo er Hanna trifft. Der Textauszug beschreibt das Ende des gemeinsamen Abends, den die beiden seit zwanzig Jahren nun völlig überraschend miteinander verbringen.

Muster
Einen Tagebucheintrag schreiben

b) die wichtigsten Themen nennst, die an diesem Abend zur Sprache kommen.

1) *Überlebenschancen Sabeths nach der Statistik*
2) *der Zustand Sabeths (Telefongespräch Hanna – Sabeth)*
3) *die Vaterschaft*
4) *Walters Verhältnis zu Sabeth*
5) *Hannas Verhältnis zu Sabeth*
6) *das Älterwerden*
7) *Hannas Arbeit*

❖ Setze den Ausgangstext in Beziehung zu dem von dir zu schreibenden Text.

Ausgangstext Romanauszug → zu schreibender Text Tagebucheintrag

Deine Aufgabe wird also sein,
einen ▶ Tagebucheintrag zu schreiben, der die Gespräche und Erlebnisse des im Textauszug geschilderten Abends aus Hannas Perspektive fortführt.

Meine Werkzeuge für die Aufgabenstellung

Personen/Figuren	Äußere/innere Handlung
Zeit/Ort	Stimmung
Perspektive des Schreibens	Sprache/Stilmittel
Textsorte	

❖ Nimm die Schlüsselbegriffe der Themenstellung und setze sie zu deinem literarischen Wissen in Beziehung.

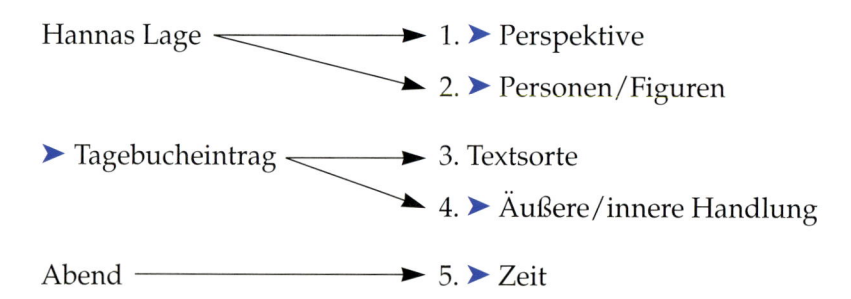

Hannas Lage → 1. ▶ Perspektive
            → 2. ▶ Personen/Figuren

▶ Tagebucheintrag → 3. Textsorte
                 → 4. ▶ Äußere/innere Handlung

Abend → 5. ▶ Zeit

Was erfahre ich im vorliegenden Text für die Aufgabenstellung?

1. Perspektive

Der Roman ist aus Walter Fabers Sicht in der Ich-Perspektive geschrieben. Walters Aussagen spiegeln seine Empfindungen wider. Auch Walters Aussagen über Hanna sind durch seinen Blickwinkel gefiltert und müssen nicht das zeigen, was Hanna tatsächlich gedacht haben könnte. Seine Aussagen helfen dir daher nur über einen Umweg bei der Anfertigung deines Textes.

2. Personen/Figuren

Die Aufgabe zielt auf die Gedanken Hannas. Um diese erschließen zu können, musst du anhand ihrer wörtlichen Aussagen Informationen über sie sammeln. Da Hanna auch über Walter nachdenken wird, sind auch seine Aussagen in wörtlicher Rede und seine Gedanken von Bedeutung.

Für diese Aufgabenstellung eignet sich am besten eine ▷ Tabelle, weil sie einen schnellen Überblick über die Meinungen der beiden Personen zu den angesprochenen Themen zulässt. Spaltentitel sind die Themen, über die an diesem Abend gesprochen wird, und die beiden Personen: Walter und Hanna.

Themen des Gesprächs	Aussagen Walters	Aussagen Hannas
– Überlebenschancen Sabeths nach der Statistik	– Der Statistik entsprechend wird Sabeth gerettet.	– „Ich habe nur ein einziges Kind." (Z. 7)
– Hannas Verhältnis zu Sabeth	– „… du tust wie eine Henne." (Z. 12)	– „Sie ist mein Kind, nicht dein Kind."
– der Zustand Sabeths (Telefongespräch Hanna – Sabeth)	– ist enttäuscht, dass Sabeth nicht nach ihm fragt, möchte alles wissen, was gesprochen wird	– „Wieso bist du gekränkt, wenn ich mit meinem Kind spreche?" (Z. 43–44)
– die Vaterschaft	– „… stimmt es, dass Joachim ihr Vater ist?"	– …
– Walters Verhältnis zu Sabeth	– …	
– das Älterwerden	– …	
– Hannas Arbeit		
– …		

❖ Vervollständige die Tabelle, indem du Textstellen zu den letzten beiden Themen ergänzt.

3. Textsorte

Der vorliegende Text ist ein Auszug aus einem Roman. Dieser wird im Untertitel als „Bericht" bezeichnet. Durch diesen Untertitel sowie durch die Angabe von Jahreszahlen und die Erzählweise soll das Erlebte glaubhafter erscheinen. Durch die Ich-Erzählhaltung wird dieser Versuch aber durchkreuzt und die Erzählung wirkt an vielen Stellen wie ein Tagebuch. Insofern könnte dein Text dem Roman an manchen Stellen ähneln.

4. Äußere/innere Handlung

Der Text von Frisch ist dadurch interessant, dass etwas passiert (äußere Handlung), wie z.B. das Rauchen oder die Unterhaltung, dass sich aber parallel dazu etwas ganz anderes ereignet (die innere Handlung, das Innenleben der Figuren).
Beispiel für Walters Innenleben: „Was mich wütend machte. Ihr Lächeln, als hätte ich kein Recht darauf, alles zu wissen." (Z. 39–40)
Walter versucht aber auch, Hannas Innenleben zu beschreiben.

– Hanna sehr erleichtert.
– Ihr Lächeln, als hätte ich kein Recht darauf, alles zu wissen.
– …

❖ Diese Textstellen können dir Hinweise geben auf das, was Hanna fühlen könnte. Suche weitere Beispiele.

5. Zeit

❖ Untersuche die Tempora, die bei Frisch vorkommen, und erkläre, wann welches Tempus gebraucht wird.

❖ Bestimme die ungefähre Länge des Zeitraumes, der hier erzählt wird.

Muster
Einen Tagebucheintrag schreiben

Ideen und Überlegungen für meinen Text

1. Perspektive

Die Aufgabe verlangt von dir, dass du Walters Perspektive verlässt und dich in Hannas Lage versetzt.

Beachte, dass die Informationen, die du im Text erhältst, durch die Sichtweise Walters gefiltert sind. Hanna bewertet viele Dinge wahrscheinlich ganz anders als Walter. Das musst du beim Lesen der Informationen berücksichtigen!

Um beide Sichtweisen gegenüberzustellen, eignet sich am besten eine Tabelle.

Aussagen Walters	Gedanken Hannas
– Hanna tat sehr merkwürdig.	– Was bildet sich Walter eigentlich ein? Nur weil er ein paar Tage mit ihr verbracht hat, …
– „Hanna …. du tust wie eine Henne."	– …
– … sie redeten deutsch, bis ich ins Zimmer trat, dann wechselte Hanna auf griechisch …	
– „Komm", sagt Hanna, „setz dich." Ich setzte mich aber nicht.	

❖ Deute die Aussagen Walters aus Hannas Perspektive. Suche weitere Textstellen.

2. Personen/Figuren

Da du aus Hannas Perspektive schreiben wirst, ist es günstig, dein Wissen zu Hanna zu aktivieren. Beziehe Informationen aus dem ganzen Roman ein.

Eine ▷ Mind-Map eignet sich gut, weil du Informationen zu verschiedenen Bereichen anordnen und nach und nach ergänzen kannst.

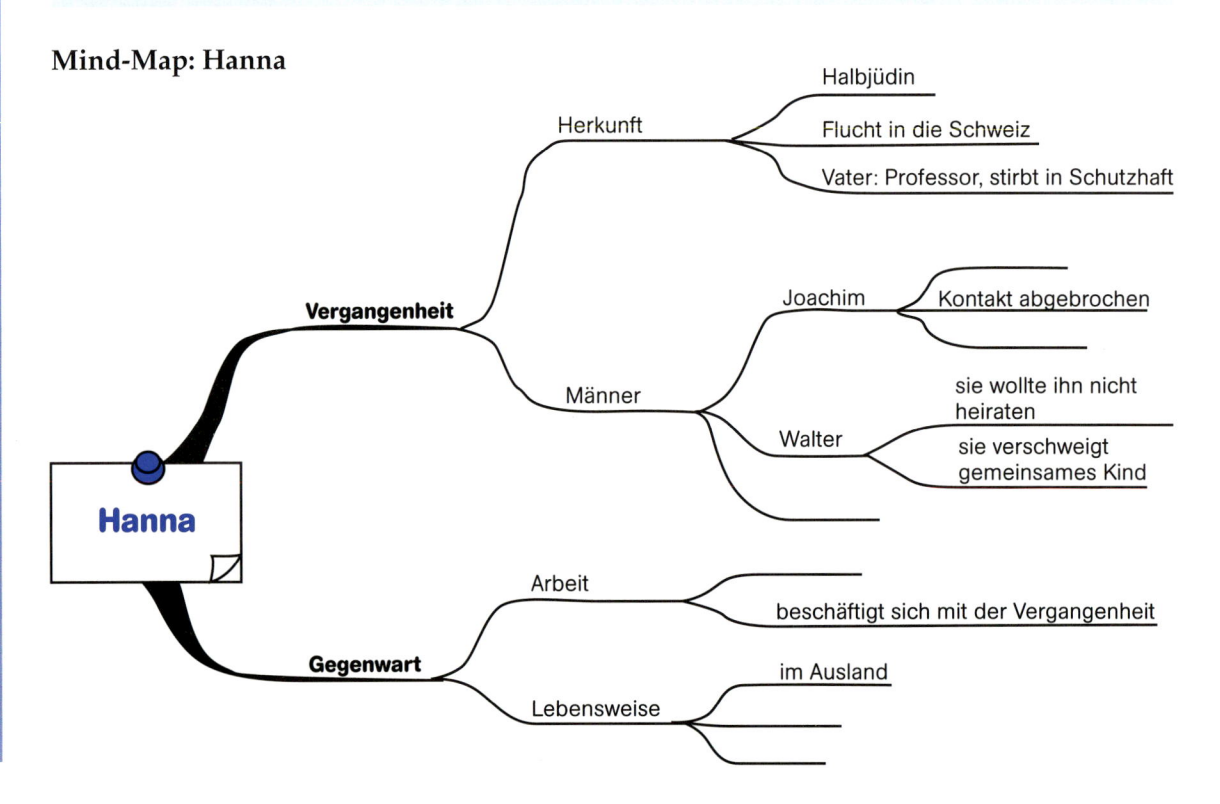

Mind-Map: Hanna

- Hanna
  - Vergangenheit
    - Herkunft
      - Halbjüdin
      - Flucht in die Schweiz
      - Vater: Professor, stirbt in Schutzhaft
    - Männer
      - Joachim
        - Kontakt abgebrochen
      - Walter
        - sie wollte ihn nicht heiraten
        - sie verschweigt gemeinsames Kind
  - Gegenwart
    - Arbeit
      - beschäftigt sich mit der Vergangenheit
    - Lebensweise
      - im Ausland

Muster
Einen Tagebucheintrag schreiben

❖ Ergänze die Mind-Map.

Du musst nun die „Lücken" zu Hanna ausfüllen, die sich aus dem oben abgedruckten Textausschnitt ergeben. Nimm dazu die Tabelle (S. 61), in der du die Aussagen Hannas zusammengestellt hast. Ergänze sie durch eine Spalte, in die du Ideen für das Innenleben (die Gedanken) Hannas einfügst, so wie du es dir vorstellst.

Hier eignet sich am besten wieder eine Tabelle, die die drei Stationen nebeneinander zeigt.

Themen der Unterhaltung	Aussagen Hannas	Gedanken Hannas
– die Überlebenschancen Sabeths nach der Statistik	– „Ich habe nur ein einziges Kind." (Z. 7)	– Es ist mir egal, was die Statistik sagt – ich habe Angst, Sabeth zu verlieren.
– Hannas Verhältnis zu Sabeth	– „Sie ist mein Kind, nicht dein Kind." (Z. 53)	– Walter hat nicht das Recht, sich in unsre Beziehung einzumischen.
– das Telefongespräch Hanna – Sabeth und Walters Reaktion	– „Wieso bist du gekränkt, wenn ich mit meinem Kind spreche?" (Z. 43–44)	– Er ist eifersüchtig auf mich. Er ist enttäuscht, … Ich frage mich, was …
– die Vaterschaft	– Sie reagiert nicht auf Walters Frage. (Z. 56)	– Warum hat er sich nicht damals mehr für das Kind eingesetzt? Er hätte ja auch richtig rechnen können. …
– Walters Verhältnis zu Sabeth	– …	

3. Textsorte (Tagebucheintrag)

Ein Tagebuch dient dazu, sich etwas von der Seele zu schreiben, um etwas zu verarbeiten, seine Gedanken am Ende eines Tages zu sammeln. Aus dem vorliegenden Text erhältst du das Material für diese Gedanken, die du später aus Hannas Sicht neu ordnen und deuten kannst. In einem Tagebucheintrag kann die Logik des Textes aufgehoben werden. Es erscheint weniger wörtliche Rede als im Roman; der Schreiber/die Schreiberin versucht gerade das auszudrücken, worüber er/sie nicht so gut sprechen kann und was er/sie vielleicht niemals in einer Unterhaltung äußern würde.

❖ Überlege dir, warum es für Hanna wichtig sein könnte, Tagebuch zu führen.

4. Äußere/innere Handlung

Es geht in deinem Text um die innere Handlung Hannas. Für das Tagebuch ist interessant, was sich bei den einzelnen Geschehnissen und den Worten Walters im Inneren Hannas abspielte, wie sie nachträglich darüber denkt und zu welchen Folgerungen sie durch das Schreiben eventuell kommt.

Hier eignet sich wieder eine Mind-Map. In der Mitte befindet sich ein Gesprächsthema/die äußere Handlung. Um diesen Mittelpunkt herum wird alles gesammelt, was sich im Innern Hannas abgespielt haben könnte.

Muster
Einen Tagebucheintrag schreiben

Mind-Map: Innere Handlung

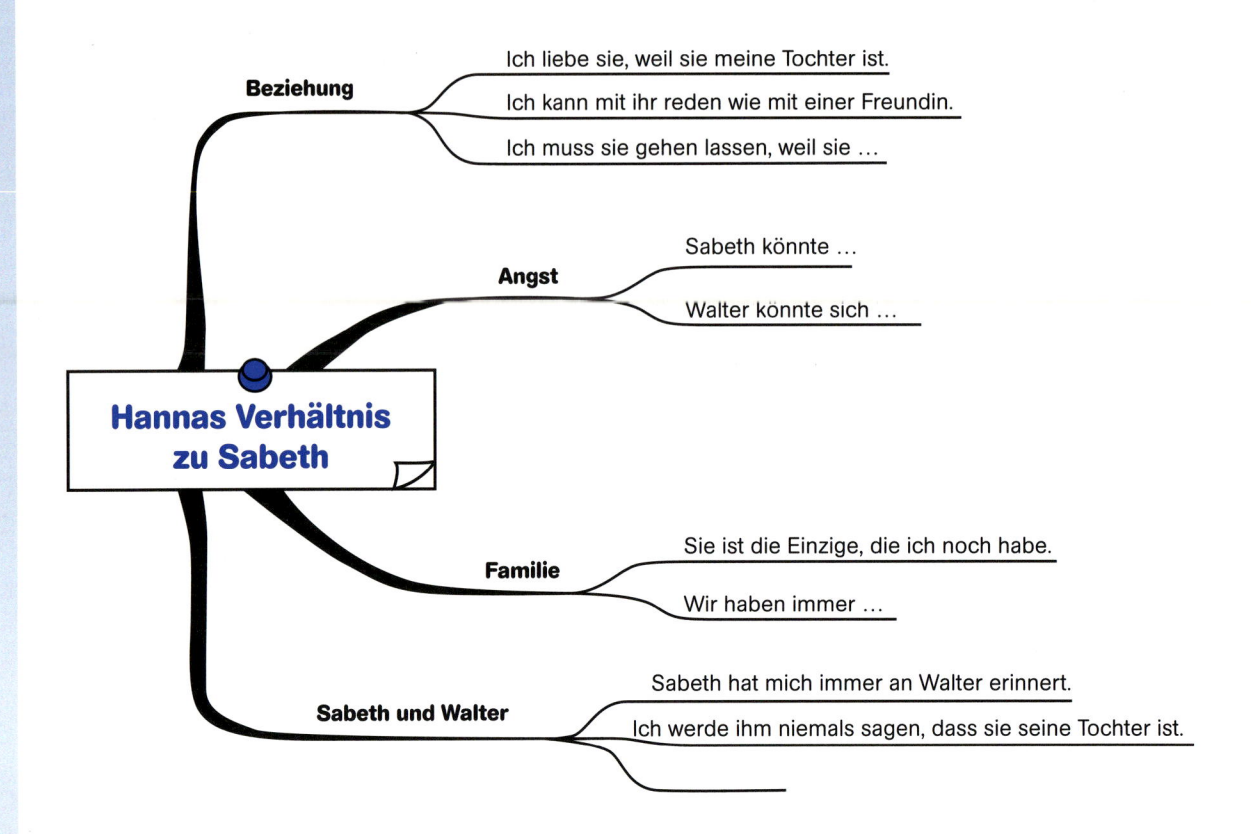

Beziehung
- Ich liebe sie, weil sie meine Tochter ist.
- Ich kann mit ihr reden wie mit einer Freundin.
- Ich muss sie gehen lassen, weil sie …

Angst
- Sabeth könnte …
- Walter könnte sich …

Hannas Verhältnis zu Sabeth

Familie
- Sie ist die Einzige, die ich noch habe.
- Wir haben immer …

Sabeth und Walter
- Sabeth hat mich immer an Walter erinnert.
- Ich werde ihm niemals sagen, dass sie seine Tochter ist.

❖ Ergänze die Mind-Map und fertige auch zu anderen Gesprächsthemen Mind-Maps an.

❖ Entscheide, für welche Themen dir Gedanken eingefallen sind, die einen Bezug zum Text haben.

❖ Bei welchen Gedanken lohnt sich eine weitere Ausführung? Ähneln sie der Sichtweise Walters oder sind sie gerade typisch für Hanna?

5. Zeit

Der Tagebucheintrag soll den gemeinsam verbrachten Abend verarbeiten (➤ erzählte Zeit). Dabei können allerdings auch Gedanken einfließen, die sich auf die weiter zurückliegende Vergangenheit beziehen, oder Gefühle, die Hanna im Augenblick hat.

Die ➤ Erzählzeit ist dementsprechend Präsens oder Perfekt/Präteritum wie auch beim Romanauszug, aber auf eine andere Weise.

Zum Beispiel: *Nach dem Telefongespräch vorhin war ich ganz erleichtert. Sabeth hat gesagt, dass sie mich sehen möchte. Aber natürlich habe ich immer noch ein bisschen Angst um sie.*

> Deine Erzählzeit sollte nicht vom Tempusgebrauch des Textausschnittes beeinflusst werden.

❖ Erkläre, warum Walter das Erzähltempus oft wechselt (z. B. in Z. 31–34).

Muster
Einen Tagebucheintrag schreiben | **65**

Wie formuliere ich meine Schreibziele?

Für das Schreibziel sind die Aufgabenstellung, deine Einschätzung von Hanna und deine Ideen wichtig. Dein Schreibziel muss aber immer zum Ausdruck bringen, dass du dich in die Person Hannas hineinversetzt hast.

Mögliche Schreibziele wären also:

In dem Tagebucheintrag möchte ich zeigen, was Hanna wirklich denkt, während sie so ruhig dasitzt und sich eine Zigarette anzündet.

Ich habe viele Informationen über Hanna im Kopf und schreibe so, dass der Tagebucheintrag zu ihrer Person passt.

Ich benutze vor allem die Informationen aus Walters Bericht, aber ich deute sie so, dass ich vielleicht herausbekomme, was Hanna wirklich wichtig war, obwohl sie es nicht ausspricht.

Wie strukturiere ich meinen Text?

Um deinen Text zu strukturieren, kannst du den verschiedenen Themen aus der Tabelle Nummern geben, mit denen du eine sinnvolle Reihenfolge festlegst.
Dabei musst du überlegen, welche Themen eine Einheit bilden und gut zusammenpassen. Zwischen den einzelnen Themen solltest du eine Verbindung herstellen.
An dieser Stelle solltest du auch entscheiden, zu welchem Thema du ausführlicher schreiben willst und welches du vielleicht weglässt. Dabei helfen dir die Mind-Maps.

1) *die Überlebenschancen Sabeths nach der Statistik*
2) *der Zustand Sabeths (Telefongespräch Hanna – Sabeth)*
3) *die Vaterschaft*
4) *Walters Verhältnis zu Sabeth*
5) *Hannas Verhältnis zu Sabeth*
6) *das Älterwerden*
7) *Hannas Arbeit*

Beispiel:
So könnten die Themen 4 und 5 in einem Tagebucheintrag miteinander verbunden werden:

Walters Verhältnis zu Sabeth
Hannas Verhältnis zu Sabeth

Walters Verhältnis zu Sabeth erscheint mir wie eine Liebesbeziehung, er möchte ihr viel zu nahekommen. Irgendwie macht er dadurch kaputt, was zwischen mir und Sabeth besteht. Oder hat Walter vielleicht Recht mit seiner Äußerung? Halte ich zu sehr an Sabeth fest und sollte sie eher loslassen?

❖ Bringe die Themen durch eine neue Nummerierung in eine Reihenfolge, die dir angemessen erscheint.

❖ Suche Verbindungen zwischen den Themen. Füge dazu an passenden Stellen mögliche Gedanken Hannas aus der Mind-Map ein (im Beispiel unten unterstrichen).

Überlebenschancen Sabeths
<u>Es ist richtig gefühllos, die Sache statistisch zu betrachten. Aber so ist Walter nun einmal. Manchmal wäre es auch für mich einfacher, so zu denken wie er. Aber so bin ich nicht. Würde er sich auch so verhalten, wenn er wüsste, dass er der Vater ist?</u>
Vaterschaft Walters

Muster
Einen Tagebucheintrag schreiben

Wie formuliere ich den ersten Satz und wie schreibe ich weiter?

Hier eignet sich am besten ▷ Drauflosschreiben.

Zwei Anfänge:

a) „Scherbenarbeit", so habe ich vorhin meine Arbeit bezeichnet – und dabei macht sie mir doch eigentlich Spaß. Aber es kommt mir alles so sinnlos vor, seit Sabeth im Krankenhaus liegt. Wozu sich mit der Vergangenheit beschäftigen?

b) *Was wohl Sabeth jetzt macht? Ob sie schläft? Ich wünsche mir nichts sehnlicher, als dass sie wieder gesund wird. Mein Kind, mein kleines Kind! Aber ich will sie ja loslassen, will sie ju ihr eigenes Leben führen lassen. Gerade das habe ich ja Walter heute Abend vorgeworfen, dass er durch einen jungen Menschen wie Sabeth am Leben festhalten will. Dabei weiß er noch nicht einmal, dass Sabeth seine Tochter ist. Er hat noch einmal gefragt, ob Joachim der Vater ist. Ich habe nicht geantwortet.*

An den Beispielen siehst du, dass du den Tagebucheintrag mit jedem Thema beginnen kannst. Du musst aber darauf achten, dass die Dinge, die Hanna an diesem Abend vor allem beschäftigen, sehr ausführlich behandelt werden. In Beispiel b siehst du, dass hier vor allem nacherzählt wird, dass der Text aber keine Gefühle beschreibt oder verarbeitet, wie es für einen Tagebucheintrag typisch wäre.

❖ Schreibe nun einen eigenen Anfang. Beginne mit Nummer 1 aus deiner Liste.

Wie überarbeite ich meinen Text?

❖ Hast du alles berücksichtigt, was in der Aufgabe steckt?
❖ Hast du deine Schreibziele noch im Kopf?

Überprüfe:

❖ Hast du die Erzählperspektive (Ich-Erzählung) beibehalten?
❖ Beziehen sich deine Themen auf den abgedruckten Textausschnitt?
❖ Passen die neuen Gedanken zu der Figur Hannas, so wie du sie aus dem Roman kennst?
❖ Bleibt die Stimmungslage des Textes (nachdenklich, besorgt) erhalten?
❖ Ist dein Text zusammenhängend und nachvollziehbar?
❖ Hast du die einzelnen Themen miteinander verbunden?
❖ Hast du neue Gedanken eingeführt und an den Text gekoppelt?
❖ Stimmen die Satzanschlüsse und die Rechtschreibung?

Was wohl Sabeth jetzt macht? Ob sie schläft? Ich bin so froh, dass es ihr bessergeht und freue mich schon auf Morgen, wenn ich sie endlich wiedersehe und mit ihr reden kann. Schließlich ist es ein halbes Jahr her, dass wir uns gesprochen haben. Der Schock ist aber immer noch in mir. Und dass es ihr nun doch bessergeht, liegt sicher nicht an der Statistik, wie Walter es gerne hätte. Das hat mich wieder ganz wütend gemacht, seine trockene Art, mit der er alles bis ins Kleinste zu erklären versucht. Da hat er sich gar nicht verändert. – Er sieht immer noch alles so sachlich und dabei habe ich so gebangt um Sabeth, habe mir solche Sorgen gemacht. Manchmal wäre es einfacher, mit Walters Sichtweise zu leben. Aber schließlich bin ich ihre Mutter und sie ist mein einziges Kind. Noch habe ich Walter nicht um eine Erklärung gebeten und Sabeth konnte mir noch keine geben, aber als ich ihn heute gefunden habe, im Krankenhaus, das war schon sonderbar und passte gar nicht zu ihm.

❖ Schreibe weiter!

Aufgabe mit Lösungshilfen
Einen inneren Monolog schreiben

Jakob Wassermann: Caspar Hauser

Zwei Tage später, an einem regnerischen Oktoberabend, war es, dass sich Daumer mit seiner Mutter und Caspar im Wohnzimmer befand. Anna war zu einer Unterhaltung in die Reunion[1] gegangen, die alte Dame saß strickend im Lehnstuhl am offenen Fenster, denn trotz der vorgerückten Jahreszeit war die Luft warm und voll des feuchten Geruchs verwelkender Pflanzen. Da wurde an die Tür geklopft, und der Glasermeister brachte einen großen Wandspiegel, den die Magd in der vergangenen Woche zerbrochen hatte. Frau Daumer hieß ihn den Spiegel gegen die Mauer lehnen, das tat der Mann und entfernte sich wieder.

Kaum war er draußen, so fragte Daumer verwundert, warum sie den Spiegel nicht gleich an seinen Platz habe hängen lassen, man hätte dann doch die Arbeit für morgen erspart. Die alte Dame erwiderte mit verlegenem Lächeln, am Abend dürfe man keinen Spiegel aufhängen, das bedeute Unheil. Daumer besaß nicht genug Humor für derlei halbernste Grillen, er machte der Mutter Vorwürfe wegen ihres Aberglaubens. Sie widersprach, und da geriet er in Zorn, das heißt, er sprach mit seiner sanftesten Stimme zwischen die geschlossenen Zähne hindurch.

Caspar, der es nicht sehen konnte, wenn Daumers Gesicht unfreundlich wurde, legte den Arm um dessen Schulter und suchte ihn mit kindlicher Schmeichelei zu begütigen und Daumer sagte dann, völlig beschämt: „Geh hin zur Mutter, Caspar, und sag ihr, dass ich im Unrecht bin."

Caspar nickte. Ohne recht zu überlegen, trat er vor die Frau hin und sagte: „Ich bin im Unrecht." Da lachte Daumer: „Nicht du, Caspar! Ich!", rief er und deutete auf seine Brust. „Wenn Caspar im Unrecht ist, darf er sagen: ich. Ich sage zu dir: du, aber du sagst doch zu dir: ich. Verstanden?"

Caspars Augen wurden groß und nachdenklich. Das Wörtchen Ich durchrann ihn plötzlich wie ein fremdartig schmeckender Trank. Es nahten sich ihm viele Hunderte von Gestalten, es nahte sich eine ganze Stadt voll Menschen, Männer, Frauen und Kinder, es nahten sich die Tiere auf dem Boden, die Vögel in der Luft, die Blumen, die Wolken, die Steine, ja die Sonne selbst, und alle miteinander sagten zu ihm: Du! Er aber antwortete mit zaghafter Stimme: Ich. – Er fasste sich mit flachen Händen an die Brust und ließ die Hände heruntergleiten bis über die Hüften: sein Leib, eine Wand zwischen innen und außen, eine Mauer zwischen Ich und Du! In demselben Augenblick tauchte aus dem Spiegel, dem gegenüber er stand, sein eigenes Bild empor. – Ei, dachte er ein wenig bestürzt, wer ist das?

Natürlich war er schon oft an Spiegeln vorbeigegangen, aber sein von den vielen Dingen der vielgesichtigen Welt geblendeter Blick war mit vorbeigegangen, ohne zu weilen, ohne zu denken, und er hatte sich daran gewöhnt wie an den Schatten auf der Erde. Ein Ungefähr, das ihn nicht hemmte, konnte nicht zum Erlebnis werden.

Jetzt war sein Auge reif für diese Vision. Er sah hin.

[1] Gesellschaftsball

Aufgabe mit Lösungshilfen
Einen inneren Monolog schreiben

„Caspar", lispelte er. Das Drinnen antwortete: „Ich." Da waren Caspars Mund und Wangen und die braunen Haare, die über Stirn und Ohren gekräuselt waren. Nähertretend, schaute er in spielerisch-zweifelnder Neugier hinter den Spiegel gegen die Mauer. Dort war nichts. Dann stellte er sich wieder davor, und nun schien es ihm, als ob hinter seinem Bild im Spiegel sich das Licht zerteile und als ob ein langer, langer Pfad nach rückwärts lief, und dort, in der weiten Ferne, stand noch ein Caspar, noch ein Ich, das hatte geschlossene Augen und sah aus, als wisse es etwas, was der Caspar hier im Zimmer nicht wusste.

(Aus: Jacob Wassermann: Caspar Hauser oder die Trägheit des Herzens, Deutscher Taschenbuch Verlag, München 1983, S. 57–59)

Aufgabe Versetze dich in die Lage Caspars und schreibe einen inneren Monolog zu der ausgewählten Textstelle aus Wassermanns Roman. Der innere Monolog soll mit dem Moment einsetzen, in dem Caspar beginnt nachzudenken.

Worauf zielt die Aufgabe?

- Unterstreiche/markiere die Schlüsselwörter der Aufgabenstellung.

- Mache dich mit dem Inhalt des Textes vertraut:
  - Gib in ein paar Sätzen die Entwicklung Caspars wieder, die in dem Textausschnitt deutlich wird.

Am Anfang kennt Caspar die Bedeutung des Wörtchens „Ich" nicht. Sie wird ihm erklärt und er beginnt nachzudenken …

  - Fahre fort.
  - Überlege, warum der Moment, in dem Caspar in den Spiegel guckt, von besonderer Bedeutung ist.

Erst als Caspar in den Spiegel sieht, kann er den Begriff „Ich" auch begreifen, denn er kann ihn auch optisch mit seiner Person in Verbindung bringen.

- Setze den Ausgangstext in Beziehung zu dem von dir zu schreibenden Text.

- Gib deine Aufgabe in knappen Worten wieder.

Meine Werkzeuge für die Aufgabenstellung

Personen/Figuren	Äußere/innere Handlung
Zeit/Ort	Stimmung
Perspektive des Schreibens	Sprache/Stilmittel
Textsorte	

- Nimm die Schlüsselbegriffe der Themenstellung und setze sie zu deinem literarischen Wissen in Beziehung.

Aufgabenlösung wie in der Mustereinheit.

Aufgabe mit Lösungshilfen
Einen inneren Monolog schreiben

69

> **Was erfahre ich im vorliegenden Text für die Aufgabenstellung?**

1. Perspektive

❖ Aus welcher Perspektive ist der Text geschrieben?

❖ Erkläre, warum du die Perspektive ändern musst.

2. Personen/Figuren

❖ Unterteile den Textauszug (Zeile 35–83) in Abschnitte, die die Entwicklung von Caspars Bewusstsein deutlich werden lassen.

Für diese Aufgabenstellung eignet sich wieder eine Tabelle, weil du dann die Entwicklungsstufen schnell den entsprechenden Textstellen zuordnen kannst.

Zeilenangabe	Informationen des Textes
Z. 25–30	Er denkt über das Wort „Ich" nach: Alles nähert sich ihm; er spricht zum ersten Mal das Wort „Ich" in seiner richtigen Bedeutung aus.
Z. 31–67	Er berührt seinen Körper und begreift ihn als Trennung zwischen dem Ich und der Welt. Er guckt in den Spiegel und fragt sich, wer ihm dort gegenübersteht.
Z. 68–…	…

❖ Ergänze die Tabelle.

Die Lösung ist anders als in der Mustereinheit. Bestimmte Abschnitte des Textes müssen hier genauer gelesen und verarbeitet werden, weil sie wichtige Informationen enthalten, die du in deinem Text berücksichtigen musst.

3. Textsorte

❖ Bestimme die Textsorte. Ordne den Textauszug in die Handlung des gesamten Buches ein.

4. Äußere/innere Handlung

❖ Markiere im Ausgangstext die Abschnitte, in denen erzählt wird, und die Abschnitte, in denen die innere Handlung Caspars (seine Gedanken) ausgedrückt werden, mit zwei verschiedenen Farben.

5. Zeit

❖ Warum wird der Textausschnitt im Präteritum erzählt?

❖ Bestimme den Umfang der erzählten Zeit des Textausschnitts.

Aufgabe mit Lösungshilfen
Einen inneren Monolog schreiben

Ideen und Überlegungen für meinen Text

1. Perspektive

❖ Nimm die Perspektive ein, in der dein Text geschrieben werden soll.
❖ Überlege dir, über welches Wissen/welche Informationen du nun nicht verfügst.
❖ Mache dir klar, dass deine Perspektive eine andere Wahrnehmung der Außenwelt bedeutet. Suche Adjektive, die diese Wahrnehmungsweise beschreiben können.

2. Personen

❖ Aktiviere dein Wissen zu Caspar und fertige eine Mind-Map an.

Mind-Map: Caspar

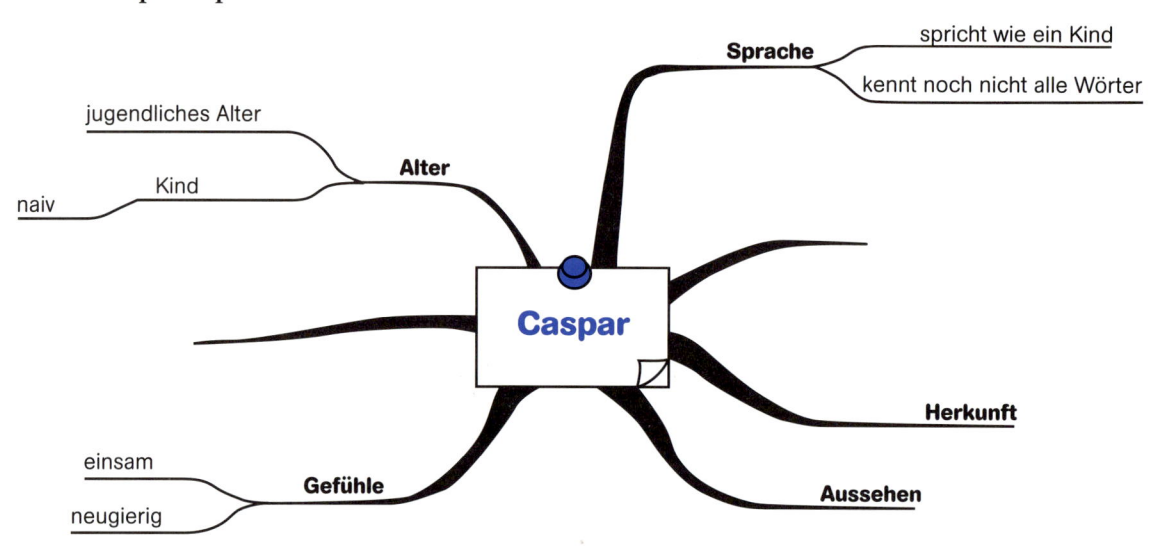

- **Sprache**: spricht wie ein Kind, kennt noch nicht alle Wörter
- **Alter**: jugendliches Alter, Kind, naiv
- **Herkunft**
- **Aussehen**
- **Gefühle**: einsam, neugierig

Weitere Ideen werden dir kommen, wenn du dich auf die im Text geschilderte Situation einlässt. Das kannst du tun, indem du z. B. einen Spiegel nimmst und dich darin betrachtest.

❖ Stelle dir Fragen über dich und deine Umwelt.
❖ Versuche, mit allen deinen Sinnen dein Inneres wahrzunehmen: Was siehst du? Welche Farben kommen dir in den Sinn? Was hörst du? Was fühlst du?
❖ Schreibe sofort einige Gedanken auf.

Um diese Aufgaben anzugehen, schreibst du alle Gedanken auf, die dir in den Sinn kommen (▷ Brainstorming). Dieses Material kann schon die Grundlage für deinen späteren Text bilden.

Hier ist noch jemand und zugleich bin ich es dort wie hier. Also bin ich in Wirklichkeit doppelt vorhanden? Warum macht die Figur die gleichen Bewegungen wie ich? Warum kann ich sie nur manchmal sehen? Wer ist das?

❖ Schreibe weiter. Probiere auch verschiedene Anfänge der Szene.
❖ Mache dir noch einmal die Entwicklung Caspars klar, die im Text geschildert wird.
❖ Formuliere zu jedem Schritt der Entwicklung einen Satz, der diese Stufe einleiten könnte.
❖ Ordne jedem Schritt der Entwicklung einen oder mehrere Bereiche von Gedanken/Wahrnehmungen (Farben, Geräusche, Gefühle, Fragen) zu. Fertige dazu eine Mind-Map an, in die du solche Wahrnehmungen einträgst.

3. Textsorte

Der innere Monolog dient zur Darstellung des ➤ Bewusstseinsstromes einer Person. In deinem Text soll gezeigt werden, was sich in Caspars Innern abgespielt haben könnte, während er eine neue Entdeckung macht. Seine Wahrnehmung und seine Fantasie, die Wirklichkeit und seine Träume gehen ineinander über. Das bedeutet auch, dass die Logik des Erzählens verschwinden kann.

Aufgabenlösung ähnlich wie in der Mustereinheit.

4. Äußere/innere Handlung

Die innere Handlung Caspars ist vom Erzähler teilweise schon angedeutet. Du kannst diese Ideen übernehmen, musst darüber hinaus aber noch weitere Ideen sammeln. Achte darauf, dass du die innere Handlung bereits in der ersten Person formulierst, in der Form des inneren Monologs.

Äußere Handlung	Innere Handlung
Caspars Augen wurden groß und nachdenklich. (Z. 42ff.)	Das Wörtchen „Ich" geht plötzlich durch meinen ganzen Körper und es klingt ganz neu. Alles kommt auf mich zu, alle anderen, die ich gar nicht kenne, alle sagen „Du" zu mir, und dann bin ich der „Ich" – ja, so muss es tatsächlich heißen …
Er fasste sich mit flachen Händen an die Brust und ließ die Hände heruntergleiten … (Z. 52ff.)	Hier, das ist meine Hülle, das ist die Trennung zwischen mir und der Welt, ich habe eine Grenze und nehme sie jetzt zum ersten Mal wahr, obwohl ich schon so viele Jahre in diesem Körper wohne. Dann meinen die anderen wohl diesen Körper, wenn sie „Du" sagen …
In demselben Augenblick tauchte aus dem Spiegel, dem gegenüber er stand, sein eigenes Bild empor. … (Z. 56ff.)	Und wer ist das dort im Spiegel? Langsam verstehe ich, das sind die braunen Haare, …
Nähertretend, schaute er in spielerisch-zweifelnder Neugier hinter den Spiegel gegen die Mauer. (Z. 73ff.)	…

❖ Ergänze die Tabelle. Suche Textstellen (äußere Handlung) und deute daraus die innere Handlung Caspars.
❖ Schreibe deine Gedanken auf, ohne dass du lange überlegst. Dein Text kann auch mal unvollständige Sätze oder einfach nur einzelne Wörter enthalten. Es muss sich so anhören, als ob man deine Gedanken liest.

Aufgabenlösung ähnlich wie in der Mustereinheit.

5. Zeit

❖ Formuliere mit eigenen Worten, auf welchen Zeitabschnitt sich der innere Monolog beziehen soll (erzählte Zeit)!
❖ Überlege, an welcher Stelle des Textes dein innerer Monolog einsetzt und an welcher Stelle er aufhört.
❖ Welche Erzählzeit wird beim inneren Monolog verwendet?

Aufgabenlösung anders als in der Mustereinheit.

Aufgabe mit Lösungshilfen
Einen inneren Monolog schreiben

Wie formuliere ich meine Schreibziele?

Das Schreibziel fasst alles zusammen, was du dir vornimmst:

- Beachte die Erzählperspektive.
- Welchen Stil wählst du? Erkläre.
- Unterstreiche die bereits geschriebenen Passagen, die dir für deinen Text geeignet erscheinen.
- Für welche Person des Romans könnte der innere Monolog interessant sein? Erkläre.

Aufgabenlösung wie in der Mustereinheit.

Wie formuliere ich den ersten Satz und wie geht es weiter?

- Lies dir die Textstelle, die dem inneren Monolog vorausgeht, noch einmal durch.
- Reagiere in Gedanken auf den Ausspruch von Daumer.
- Schreibe einen ersten Satz in dein Heft.

Dein innerer Monolog könnte so anfangen:

Was sagt er da? Was habe ich nun falsch gemacht? Wie soll ich zu mir sagen? Ich? Ich! Ich! Was sehe ich da alles vor mir? Wer ist alles um mich herum? Warum schauen sie mich alle so an? Ganz viele Menschen plötzlich vor mir, ganz viele Tiere, ganz viel Leben um mich herum und ich bin in der Mitte, ich bin ein Ich. Was kann ich alles betrachten, was ist da alles außen um mich herum. So viele Dinge sehe ich und ich bin wie sie und doch bin ich anders. Das muss es sein, so hat es Daumer gebraucht und so hat er es ja auch immer gesagt. Er ist der Du, aber ich bin ein Ich, bin etwas anderes als er, bin ein eigener Mensch.

- Setze die Gedanken fort. Beschreibe, wie Caspar sich selbst begreift.

Wie überarbeite ich meinen Text?

- Hast du alles berücksichtigt?
- Hast du die richtige Perspektive gewählt und den Tonfall des inneren Monologs getroffen?
- Passen die aufgeschriebenen Gedanken zu der Person „Caspar"? Vergleiche mit der Mind-Map!
- Kann sich der Leser nun vorstellen, was mit Caspar an diesem Tag passiert?
- Hast du deinen Text erkennbar gegliedert? (Absätze?)
- Ist dein Text zusammenhängend und nachvollziehbar?
- Stimmen die Satzanschlüsse?
- Lies den Text noch einmal im Hinblick auf die Rechtschreibung durch und korrigiere dann.

Weitere Aufgaben

Einen Tagebucheintrag schreiben

Siegfried Lenz: Das Feuerschiff

Text aus: Siegfried Lenz: Das Feuerschiff. Erzählungen. München: Deutscher Taschenbuch Verlag [21] 1977.

Aufgabe Versetze dich in die Lage des Kapitäns. Schreibe einen Tagebucheintrag über das Gespräch mit Doktor Caspary.

Marie v. Ebner-Eschenbach: Die Reisegefährten

Text aus: Marie v. Ebner-Eschenbach: Sämtliche Werke in 12 Bänden, Duda Verlag 1998.

Aufgabe Schreibe einen Tagebucheintrag des alten Herrn, in dem er über die an diesem Tag gemachte Reisebekanntschaft nachdenkt.

Einen inneren Monolog schreiben

Hermann Kasack: Mechanischer Doppelgänger

Text aus: Deutsche Erzähler der Gegenwart. Stuttgart: Reclam Verlag 1959, S. 151ff.

Aufgabe Stell dir vor, du bist an der Stelle des Ich-Erzählers. Schreibe in der Form des inneren Monologs deine Gedanken auf, als der Doppelgänger dir gegenübertritt. Lies dazu noch einmal genau die Passagen, in denen der Doppelgänger erzählt.

Peter Bichsel: Die Tochter

Text aus: Peter Bichsel: Eigentlich möchte Frau Blum den Milchmann kennenlernen, 21 Geschichten. Frankfurt am Main: Suhrkamp Verlag 1996, S. 65–68; in diesem Heft S. 8–9.

Aufgabe Monika sitzt im Zug und denkt an das bevorstehende Abendessen mit den Eltern. Verfasse einen inneren Monolog.

Heinrich Böll: Und sagte kein einziges Wort

Text aus: Heinrich Böll: Und sagte kein einziges Wort. Erzählung 3, Köln: Verlag Kiepenheuer & Witsch 1997, S. 19–25.

Aufgabe Am Weihnachtsabend bei Frankes: Schreibe einen inneren Monolog, in dem Frau Frankes Gedanken über die Familie Bogner zum Ausdruck kommen.

2.5 Einen Handlungsstrang ausbauen (Drama)

MUSTER: Gerhart Hauptmann: Die Weber

Vierter Akt (Auszug)

Vierter Akt
Peterswaldau. – Privatzimmer des Barchentfabrikanten Dreißiger. Ein im frostigen Geschmack der ersten Hälfte unseres Jahrhunderts luxuriös ausgestatteter Raum. Die Decke, der Ofen, die Türen sind weiß; die Tapete gradlinig kleingeblümt und von einem kalten, bleigrauen Ton. Dazu kommen rot überzogene Polstermöbel aus Mahagoniholz, reich geziert und geschnitzt, Schränke und Stühle von gleichem Material und wie folgt verteilt: Rechts, zwischen zwei Fenstern mit kirschroten Damastgardinen, steht der Schreibsekretär, ein Schrank, dessen vordere Wand sich herabklappen lässt; ihm gerade gegenüber das Sofa, unweit davon ein eiserner Geldschrank, vor dem Sofa der Tisch, Sessel und Stühle; an der Hinterwand ein Gewehrschrank. Diese sowie die andern Wände sind durch schlechte Bilder in Goldrahmen teilweise verdeckt. Über dem Sofa hängt ein Spiegel mit stark vergoldetem Rokokorahmen. Eine einfache Tür links führt in den Flur, eine offene Flügeltür der Hinterwand in einen mit dem gleichen ungemütlichen Prunk überladenen Salon. Im Salon bemerkt man zwei Damen, Frau Dreißiger und Frau Pastor Kittelhaus, damit beschäftigt, Bilder zu besehen – ferner den Pastor Kittelhaus im Gespräch mit dem Kandidaten und Hauslehrer Weinhold.

KITTELHAUS, *ein kleines, freundliches Männchen, tritt gemütlich plaudernd und rauchend mit dem ebenfalls rauchenden Kandidaten in das Vorzimmer; dort sieht er sich um und schüttelt, da er niemand bemerkt, verwundert den Kopf.* Es ist ja durchaus nicht zu verwundern, Herr Kandidat: Sie sind jung. In Ihrem Alter hatten wir Alten – ich will nicht sagen dieselben Ansichten, aber doch ähnliche. Ähnliche jedenfalls. Und es ist ja auch was Schönes um die Jugend – um alle die schönen Ideale, Herr Kandidat. Leider nur sind sie flüchtig, flüchtig wie Aprilsonnenschein. Kommen Sie erst in meine Jahre! Wenn man erst mal dreißig Jahre das Jahr zweiundfünzigmal – ohne die Feiertage – von der Kanzel herunter den Leuten sein Wort gesagt hat, dann ist man notwendigerweise ruhiger geworden. Denken Sie an mich, wenn es mit Ihnen so weit sein wird, Herr Kandidat.

WEINHOLD, *neunzehnjährig, bleich, mager, hochaufgeschossen, mit schlichtem, langem Blondhaar. Er ist sehr unruhig und nervös in seinen Bewegungen.* Bei aller Ehrerbietung, Herr Pastor ... Ich weiß doch nicht ... Es existiert doch eine große Verschiedenheit in den Naturen.

KITTELHAUS. Lieber Herr Kandidat, Sie mögen ein noch so unruhiger Geist sein – *im Tone eines Verweises* – und das sind Sie –, Sie mögen noch so heftig und ungebärdig gegen die bestehenden Verhältnisse angehen, das legt sich alles. Ja, ja, ich gebe ja zu, wir haben ja Amtsbrüder, die in ziemlich vorgeschrittenem Alter noch recht jugendliche Streiche machen. Der eine predigt gegen die Branntweinpest und gründet Mäßigkeitsvereine, der andere verfasst Aufrufe, die sich unleugbar recht ergreifend lesen. Aber was erreicht er damit? Die Not unter den Webern wird, wo sie vorhanden ist, nicht gemildert. Der soziale Frieden dagegen wird untergraben. Nein, nein, da möchte man wirklich fast sagen: Schuster, bleib bei deinem Leisten! Seelsorger, werde kein Wanstsorger! Predige dein reines Gotteswort und im Übrigen lass den sorgen, der den Vögeln ihr Bett und ihr Futter bereitet hat und die Lilie auf dem Felde nicht lässt verderben. – Nun aber möcht ich doch wirklich wissen, wo unser liebenswürdiger Wirt so plötzlich hingekommen ist.

FRAU DREISSIGER *kommt mit der Pastorin nach vorn. Sie ist eine dreißigjährige, hübsche Frau von einem kernigen und robusten Schlage. Ein gewisses Missverhältnis zwischen ihrer Art, zu reden oder sich zu bewegen, und ihrer vornehm reichen Toilette ist auffällig.* Se haben ganz Recht, Herr Pastor. Wilhelm macht's immer so. Wenn'n was einfällt, da rennt er fort und lässt mich sitzen. Da hab ich schon so drüber gered't, aber da mag man sagen, was man will.

KITTELHAUS. Liebe, gnädige Frau, dafür ist er Geschäftsmann.

WEINHOLD. Wenn ich nicht irre, ist unten etwas vorgefallen.

DREISSIGER *kommt. Echauffiert, aufgeregt.* Nun, Rosa, ist der Kaffee serviert?

FRAU DREISSIGER *schmollt.* Ach, dass du ooch immer fortlaufen musst.

DREISSIGER, *leichthin.* Ach, was weißt du!

KITTELHAUS. Um Vergebung! Haben Sie Ärger gehabt, Herr Dreißiger?

DREISSIGER. Den hab ich alle Tage, die Gott der Herr werden lässt, lieber Herr Pastor. Daran bin ich gewöhnt. Nun, Rosa?! Du sorgst wohl dafür.

Frau Dreißiger geht misslaunig und zieht mehrmals heftig an dem breiten gestickten Klingelzug.

DREISSIGER. Jetzt eben – *nach einigen Umgängen* – Herr Kandidat, hätte ich Ihnen gewünscht, dabei zu sein. Da hätten Sie was erleben können. Übrigens … Kommen Sie, fangen wir unsern Whist[1] an.

KITTELHAUS. Ja, ja, ja und nochmals ja! Schütteln Sie des Tages Staub und Last von den Schultern und gehören Sie uns.

DREISSIGER *ist ans Fenster getreten, schiebt eine Gardine beiseite und blickt hinaus. Unwillkürlich.* Bande!!! – Komm doch mal her, Rosa! *Sie kommt.* Sag doch mal: dieser lange, rothaarige Mensch dort!

KITTELHAUS. Das ist der sogenannte rote Bäcker.

DREISSIGER. Nu sag mal, ist das vielleicht derselbe, der dich vor zwei Tagen insultiert[2] hat? Du weißt ja, was du mir erzähltest, als dir Johann in den Wagen half.

FRAU DREISSIGER *macht einen schiefen Mund, gedehnt.* Ich wöß nich mehr.

DREISSIGER. Aber so lass doch jetzt das Beleidigttun. Ich muss das nämlich wissen. Ich habe die Frechheiten nun nachgerade satt. Wenn es der ist, so zieh ich ihn nämlich zur Verantwortung. *Man hört das Weberlied singen.* Nun hören Sie bloß, hören Sie bloß!

KITTELHAUS, *überaus entrüstet.* Will denn dieser Unfug wirklich immer noch kein Ende nehmen? Nun muss ich aber wirklich auch sagen: Es ist Zeit, dass die Polizei einschreitet. Gestatten Sie mir doch mal! *Er tritt ans Fenster.* Nun sehen Sie an, Herr Weinhold! Das sind nun nicht bloß junge Leute, da laufen auch alte, gesetzte Weber in Masse mit. Menschen, die ich lange Jahre für höchst ehrenwert und gottesfürchtig gehalten habe, sie laufen mit. Sie nehmen teil an diesem unerhörten Unfug. Sie treten Gottes Gesetz mit Füßen. Wollen Sie diese Leute vielleicht nun noch in Schutz nehmen?

WEINHOLD. Gewiss nicht, Herr Pastor. Das heißt, Herr Pastor, cum grano salis[3]. Es sind eben hungrige, unwissende Menschen. Sie geben halt ihre Unzufriedenheit kund, wie sie's verstehen. Ich erwarte gar nicht, dass solche Leute …

FRAU KITTELHAUS, *klein, mager, verblüht, gleicht mehr einer alten Jungfer als einer alten Frau.* Herr Weinhold, Herr Weinhold! Aber ich bitte Sie!

DREISSIGER. Herr Kandidat, ich bedaure sehr … Ich habe Sie nicht in mein Haus genommen, damit Sie mir Vorlesungen über Humanität halten. Ich muss Sie ersuchen, sich auf die Erziehung meiner Knaben zu beschränken, im Übrigen aber meine Angelegenheiten mir zu überlassen, mir ganz allein! Verstehen Sie mich?

WEINHOLD *steht einen Augenblick starr und totenblass und verbeugt sich dann mit einem fremden Lächeln. Leise.* Gewiss, gewiss, ich habe Sie verstanden. Ich sah es kommen; es entspricht meinen Wünschen. *Ab.*

DREISSIGER, *brutal.* Dann aber doch möglichst bald, wir brauchen das Zimmer.

FRAU DREISSIGER. Aber Wilhelm, Wilhelm!

DREISSIGER. Bist du wohl bei Sinnen? Du willst einen Menschen in Schutz nehmen, der sol-

© VG Bild-Kunst, Bonn 2001

---
[1] Kartenspiel
[2] belästigt, beleidigt
[3] wörtlich: mit einem Körnchen Salz; im übertragenen Sinne: im Großen und Ganzen

Muster
Eine Szene schreiben

che Pöbeleien und Schurkereien wie dieses Schmählied da verteidigt?!

FRAU DREISSIGER. Aber Männdel, Männdel, er hat's ja gar nich …

DREISSIGER. Herr Pastor, hat er's verteidigt oder hat er's nicht verteidigt?

KITTELHAUS. Herr Dreißiger, man muss es seiner Jugend zugutehalten.

FRAU KITTELHAUS. Ich weiß nicht, der junge Mensch ist aus einer so guten und achtbaren Familie. Vierzig Jahr war sein Vater als Beamter tätig und hat sich nie auch nur das Geringste zuschulden kommen lassen. Die Mutter war so überglücklich, dass er hier ein so schönes Unterkommen gefunden hatte. Und nun, nun weiß er sich das so wenig wahrzunehmen. […]

(Aus: Gerhart Hauptmann: Die Weber, aus: Sämtliche Werke, Bd. 1, Frankfurt, Berlin, Wien: Propyläen Verlag, © Ullstein Verlag, Berlin; Bild: Käthe Kollwitz: Sturm, Radierung; Blatt 5 aus dem Zyklus: Ein Weberaufstand, 1894–98)

> **Aufgabe** Hauslehrer Weinhold verlässt das Haus des Fabrikanten Dreißiger. Schnell kann er noch am gleichen Tag Kontakt mit dem rebellierenden Weber Bäcker und Moritz Jäger, dem vom Militär zurückgekehrten Reservisten, Kontakt aufnehmen und schließt sich den Rebellen an.
> Nach einiger Zeit, der Aufstand der Weber liegt mehrere Wochen zurück, treffen sich Weinhold und Pastor Kittelhaus und tauschen ihre Erlebnisse, Erfahrungen und Sichtweisen in einem lebhaften Gespräch aus. Schreibe diese Szene auf.

Worauf zielt die Aufgabe?

❖ Unterstreiche die Schlüsselbegriffe der Aufgabenstellung.

> **Aufgabe** <u>Hauslehrer Weinhold</u> verlässt das Haus des Fabrikanten Dreißiger. Schnell kann er noch am gleichen Tag Kontakt mit dem rebellierenden <u>Weber Bäcker</u> und <u>Moritz Jäger</u>, dem vom Militär zurückgekehrten Reservisten, Kontakt aufnehmen und schließt sich den Rebellen an.
> Nach einiger Zeit, der <u>Aufstand der Weber liegt mehrere Wochen zurück</u>, treffen sich Weinhold und <u>Pastor Kittelhaus</u> und tauschen ihre <u>Erlebnisse, Erfahrungen und Sichtweisen</u> in einem lebhaften Gespräch aus. Schreibe diese <u>Szene</u> auf.

❖ Gib den Inhalt der Szene in eigenen Worten wieder.

In der vornehmen Wohnung des Fabrikanten Dreißiger sind Pastor Kittelhaus, seine Frau und der junge Weinhold, Kandidat und Hauslehrer bei Dreißigers, zu Besuch. Der Pastor bemerkt, dass Weinhold eine gewisse Sympathie für die Weber entwickelt, und führt dies auf sein noch sehr jugendliches Alter zurück. Allerdings kritisiert er deutlich das Verhalten einiger „Amtsbrüder", die sich um die Not der Weber kümmern. [...]

❖ Zur Einordnung in den Gesamtkontext hilft dir ein Überblick über den Inhalt des gesamten Dramas. Ordne anschließend den Szenenausschnitt in das Gesamtgeschehen ein.

I. Akt

Die Weber liefern ihre gefertigten Waren im Hause des Fabrikanten Dreißiger ab. Sie werden, trotz eindringlicher Bitten, mit geringem Lohn abgespeist. Bei Widerspruch wird mit Entlassung gedroht. **Bäcker** lehnt sich als Einziger dagegen auf, wobei es zu einer heftigen Auseinandersetzung zwischen dem Fabrikanten und ihm kommt, bis der ihn praktisch entlässt. In einer mitleidschindenden Rede rechtfertigt Dreißiger sein Handeln, erklärt sich bereit, weitere 200 Weber einzustellen, fordert aber auch von ihnen Opfer, indem sie auf einen Teil Lohn verzichten.

II. Akt

Im Hause des Korbflechters Ansorge lebt in äußerster Armut die Familie Baumert. Alle Beteiligten zeigen deutliche Spuren ihres erbärmlichen Daseins und ihrer harten Arbeit am Webstuhl. **Moritz Jäger** kehrt, vom Militär entlassen, in sein Dorf zurück und erkennt die bittere Armut, die ganz im Gegensatz zu seinem Soldatenleben steht. Im Gespräch mit Ansorge und mit Baumert wird deutlich, dass Jäger bereit ist, für die Sache der Weber einzustehen und liest ihnen das Weberlied, das „Blutgericht" vor.

III. Akt

Im Wirtshaus werden im Gespräch verschiedener Gäste die sozialen Folgen des Elends der Weber deutlich. Die Diskussion ist angespannt, teilweise aggressiv, auch unter seinesgleichen. **Jäger** und **Bäcker** erscheinen mit einigen Webern und singen ihr Weberlied, was der vorsichtige Wirt aber verbieten lässt. **Bäcker** möchte gern vor dem **Haus Dreißigers** vorbeiziehen und dabei ihr Lied singen. Der alte Schmied Wittig wirft den Webern vor, dass sie nicht bereit seien, mit Gewalt gegen die Macht der Fabrikanten zu kämpfen. Die Stimmung schlägt um, als der Gendarm Kutsche wiederum das Lied verbietet. Wittig legt sich mit ihm an, die Weber singen laut ihr Lied und ziehen damit durch die Straßen.

IV. Akt

Der IV. Akt beginnt mit dem aufgeführten Textausschnitt ...
Dreißiger lässt durch seine ihm ergebenen „Färber" den Hauptprovokateur **Jäger** in seinem Haus festhalten und den erscheinenden Polizisten vorführen. Trotz der Gefahr der aufrührerischen Weber entschließen sie sich, **Jäger** gefesselt in das Gefängnis zu bringen. Damit glaubt **Dreißiger**, das Problem erledigt zu haben, doch bald meldet man ihm Jägers Befreiung durch die Weber. Die Aussichtslosigkeit erkennend flieht **Dreißiger** aus seinem Haus.
Auf der Suche nach Dreißiger dringen Wittig, **Jäger, Bäcker** und andere in das Haus ein. Sie zerstören die Einrichtung und beschließen, die mechanischen Webstühle eines weiteren Fabrikanten im Nachbardorf zu zerschlagen.

V. Akt

In der Weberstube des alten Hilse suchen er, seine schwer kranke Frau, sein Sohn Gottlieb und seine Schwiegertochter Luise Trost im Morgengebet, um anschließend an die Arbeit zu gehen. Der Hausierer Hornig berichtet vom Aufstand der Weber, doch dem alten Hilse ist dies nicht vorstellbar. Als sein Enkelkind und andere Kinder Gegenstände von den Plünderungen zeigen, reagiert er zornig und weist seinen Enkel an, die Gegenstände auf der Polizei abzuliefern. Gottlieb berichtet weiter von den Vorkommnissen auf der Straße und Luise verlangt von ihm, jetzt aber mitzumachen, was der alte Hilse heftig zurückweist. Dies nimmt sie zum Anlass, das Haus zu verlassen und sich den Webern anzuschließen. Der alte Hilse verteidigt sich bei seinem Sohn und findet in der Hoffnung auf ewige Gerechtigkeit eine Begründung für sein Handeln. Er geht weiter an die Arbeit. Auch das Auftauchen von Bäcker und Jäger, die ihn mit auf die Straße nehmen wollen, bringt ihn nicht dazu, am Aufstand teilzunehmen. Er prophezeit ihnen, dass sie alle im Zuchthaus landen.
Draußen taucht Militär auf, das in die Menge schießt. Mit Steinwürfen wehren sich die Weber. Gottlieb stürmt zur Tür hinaus. Der alte Hilse wird, am Webstuhl sitzend, von einer Kugel getroffen. Die Weber, so wird berichtet, vertreiben die Soldaten aus dem Dorf und stürmen das nächste Fabrikantenhaus.

❖ Setze den Ausgangstext in Beziehung zu dem von dir zu schreibenden Text.

Ausgangstext
Szenenausschnitt (Drama) → zu schreibender Text
einen Handlungsstrang ausbauen
(eine neue Szene schreiben)

Deine Aufgabe wird also sein:
Der Szenenausschnitt des IV. Aktes ist Ausgangspunkt für eine neue Szene, die nach dem Dramengeschehen spielt. Deshalb musst du das Gesamtgeschehen mitbedenken und die möglichen Entwicklungen der beiden Figuren Kittelhaus und Weinhold herausarbeiten.

Muster
Eine Szene schreiben

Meine Werkzeuge für die Aufgabenstellung

Personen/Figuren	Äußere/innere Handlung
Zeit/Ort	Stimmung
Perspektive des Schreibens	Sprache/Stilmittel
Textsorte	

❖ Nimm die Schlüsselbegriffe der Themenstellung und setze sie zu deinem literarischen Wissen in Beziehung.

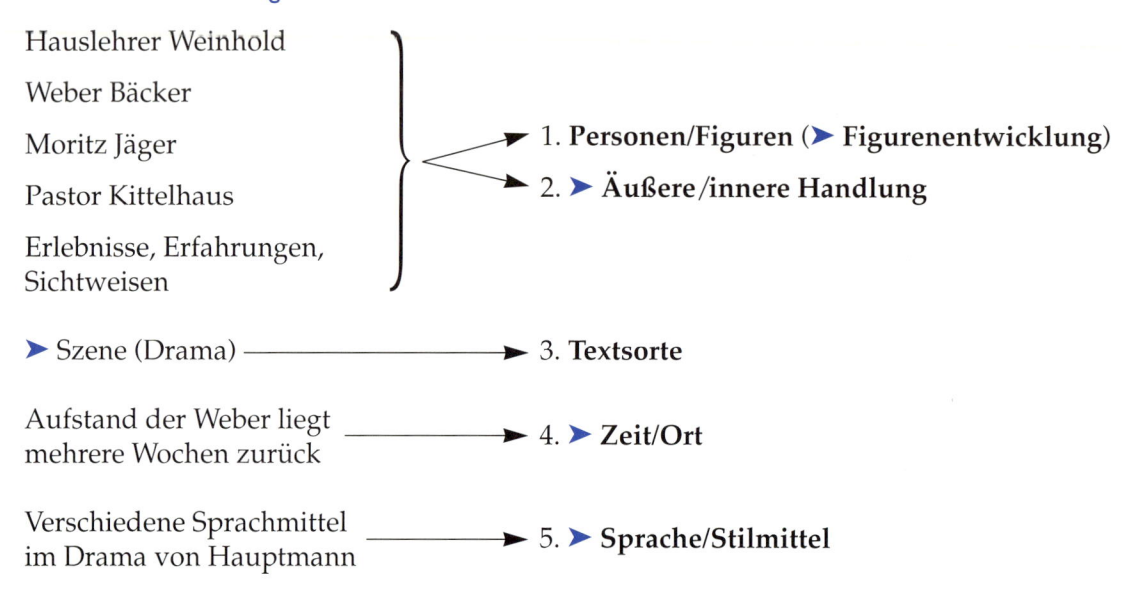

Hauslehrer Weinhold
Weber Bäcker
Moritz Jäger   → 1. **Personen/Figuren** (▶ **Figurenentwicklung**)
Pastor Kittelhaus   → 2. ▶ **Äußere/innere Handlung**
Erlebnisse, Erfahrungen, Sichtweisen

▶ Szene (Drama) —————————→ 3. **Textsorte**

Aufstand der Weber liegt mehrere Wochen zurück —————→ 4. ▶ **Zeit/Ort**

Verschiedene Sprachmittel im Drama von Hauptmann —→ 5. ▶ **Sprache/Stilmittel**

6. Wichtig ist auch, dass du dir überlegst, wie das Gespräch der beiden veranlasst ist und wie es enden wird (**Gesprächsanlass** und **Gesprächsende**).

Was erfahre ich im vorliegenden Text für die Aufgabenstellung?

1. Personen

❖ Suche Textstellen, die Kittelhaus und Weinhold charakterisieren.

Dies ist ein typischer Fall für eine ▷ Tabelle, weil durch sie die beiden Positionen auf einen Blick sichtbar werden.

Kittelhaus	
Textstelle	Charakterisierung
Z. 33ff.: „Herr Kandidat: Sie sind jung. In Ihrem Alter hatten wir Alten – ich will nicht sagen dieselben Ansichten, aber doch ähnliche. Ähnliche jedenfalls. Und es ist ja auch was Schönes um die Jugend – um alle die schönen Ideale, Herr Kandidat. […]"	Glaubt, dass Ideale nur in der Jugend möglich sind.
Z. 54ff.: „Lieber Herr Kandidat, Sie mögen ein noch so unruhiger Geist sein – *im Tone eines Verweises* – und das sind Sie –, Sie mögen noch so heftig und ungebärdig gegen die bestehenden Verhältnisse angehen, das legt sich alles."	Gibt sich als der Weisere, da er der Ältere ist.

Muster
Eine Szene schreiben

Z. 66ff.: „Die Not unter den Webern wird, wo sie vorhanden ist, nicht gemildert. Der soziale Frieden dagegen wird untergraben."	Stellt den sozialen Frieden gegen die Gerechtigkeit.
…	…
Z. 137ff.: „Nun sehen Sie an, Herr Weinhold! Das sind nun nicht bloß junge Leute, da laufen auch alte, gesetzte Weber in Masse mit. Menschen, die ich lange Jahre für höchst ehrenwert und gottesfürchtig gehalten habe, sie laufen mit. Sie nehmen teil an diesem unerhörten Unfug. Sie treten Gottes Gesetz mit Füßen."	Ist gesetzestreu, auch wenn die Gesetze ungerecht sind.

❖ Suche weitere Stellen und werte sie wie oben gezeigt aus.

❖ Verfahre bei Weinhold ebenso.

Weinhold	
Textstellen	Charakterisierung
Z. 51ff.: „Bei aller Ehrerbietung, Herr Pastor … Ich weiß doch nicht … Es existiert doch eine große Verschiedenheit in den Naturen."	Widerspricht vorsichtig, aber bestimmt.
Z. 146ff.: „Gewiss nicht, Herr Pastor. Das heißt, Herr Pastor, cum grano salis. Es sind eben hungrige, unwissende Menschen. Sie geben halt ihre Unzufriedenheit kund, wie sie's verstehen. Ich erwarte gar nicht, dass solche Leute …"	…
…	…

❖ Arbeite besonders heraus, welche Einstellungen beide zu den Webern haben. Gehe wieder von geeigneten Textstellen aus.

Kittelhaus	
Textstelle	Einstellung zu den Webern
Z. 66 ff.:	Verkennt nicht die Not der Weber, aber …
…	…

Für die Schreibaufgabe ist es notwendig, die wichtigen Personen des Dramas, die für Weinhold von Bedeutung sind, zu charakterisieren:

Von der Themenstellung verlangt sind:

Bäcker: ungezwungen, fast frech, entwickelt sich zu einem ernsthaften Gegenspieler Dreißigers, der nicht gewillt ist, sich den Drohungen und Maßnahmen des Fabrikanten zu beugen.
„Halt, heert uf mich! Sei mer hier fertig, da fang m'r erscht recht an. Von hier aus geh mer nach Bilau nieder, zu Dittrichen, der de mechan'schen Webstihle hat. Das ganze Elend kommt von a Fabriken." (IV. Akt)

Jäger: Erkennt nach seiner Rückkehr vom Militär die trostlose Situation der Weber, sieht den Luxus auf der Gegenseite und wird, vielleicht aus Lust am Abenteuer, zu einem selbstbewusst Handelnden, der die zögerlichen Weber mitreißt.
„Wenns's mehr ni is. Das sollte mir ni druf ankommen; dahier! den alten Fabrikanteräudeln, den wollt ich viel zu gerne amal a Liedl ufspiel'n. Ich tät m'r nischt draus machen. Ich bin a umgänglicher Kerl, aber wenn ich amal falsch wer und ich krieg's mit der Wut, da nehm ich Dreißichern in de eene, Diettrichen in de andre Hand und schlag se mit a Keppen an'nander, dass 'n's Feuer aus a Augen springt. – Wenn mir und m'r kennten's ufbringen, dass m'r zusammenhielten, da kennt m'r a Fabrikanten amal an solchen Krach machen …" (II. Akt)

Herausgehobene Figuren sind auch Wittig, Luise und der alte Hilse.

Wittig: Ein heißblütiger Kämpfer gegen Unrecht und unmenschliches Handeln, der als Erster einen gewaltsamen Aufstand der Weber vorschlägt. Dabei zählen seine Erfahrungen als Soldat im Kriege gegen Napoleon, wo sie Opfer der Fürsten wurden. Als eigentlicher Anführer schlägt er die Türen der Fabrikantenhäuser ein.
„Gar nicht hat a uns zu verbieten und wenn wir prill'n, dass de Fenster schwirr'n, und wenn ma uns heert bis in Reechenbach und wenn wir singen, dass allen Fabrikanten de Häuser iebern Koppe zusammenstirzen und allen Verwaltern de Helme uf'm Schädel tanzen. Das geht niemanden nischt an." (III. Akt)

Der alte Hilse: Ist von seiner christlichen Einstellung des Erduldens vollkommen überzeugt und beharrt darauf, seine Arbeit zu tun. Dies ist eine passive Auflehnung, eine Auflehnung des Leidens, denn er setzt sich bewusst an das Fenster, bis ihn die tödliche Kugel niederstreckt.
„Hie hat mich mei himmlischer Vater hergesetzt. Gell, Mutter? Hie bleiben m'r sitzen und tun, was m'r schuldig sein, und wenn d'r ganze Schnee verbrennt." (V. Akt)

Luise: Entwickelt eine unerwartete Leidenschaft für den Kampf der Weber und lässt dafür sogar Mann und Kind im Stich.
„Mit euren bigotten Räden ... dad'rvon da is mir o noch nich amal a Kind satt gewor'n. Derwegen han se gelegen alle viere in Unflat und Lumpen. Da wurd ooch noch nich amal a eenzichtes Winderle trocken. Ich will 'ne Mutter sein, dass d's weeßt! und deswegen, dass d's weeßt, winsch ich a Fabrikanten de Helle und de Pest in a Rachen nein. Ich bin ebens 'ne Mutter." (V. Akt)

❖ Welchen Personen steht Weinhold möglicherweise nahe? Versuche dies aufgrund des bisher erarbeiteten Charakterbildes zu begründen.

2. Äußere/innere Handlung

Die äußere und innere Handlung der Personen ist geprägt von der Lebenssituation der Handelnden und ihrer Einstellung zum Aufstand der Weber. Weinhold kann nicht ganz frei sprechen, in seinem Inneren ist er vermutlich radikaler als es im Szenenausschnitt zum Ausdruck kommt.
Dagegen kann man vermuten, dass Kittelhaus genau das sagt, was er auch meint und fühlt.

3. Textsorte

Der Ausgangstext ist ein Szenenausschnitt aus einem Drama. Dem Zuschauer müssen recht schnell die Personen durch ihr Auftreten und ihr Handeln deutlich werden. Dabei wird auch rasch der im dramatischen Geschehen steckende Konflikt erkennbar. In unserem Textauszug wird dies an den beiden Personen Kittelhaus und Weinhold deutlich.

4. Zeit/Ort

Hauptmann gibt eine sehr detaillierte Ortsbeschreibung am Anfang des IV. Aktes. Der Ort charakterisiert auch die Personen, hier vor allem den Fabrikanten Dreißiger.

❖ Lies dir auch andere Ortsbeschreibungen, die du im Schauspiel findest, durch und beschreibe die Atmosphäre, die sie erzeugen. Als Beispiel findest du die Beschreibung einer Weberwohnung aus dem II. Akt.

Zweiter Akt
Das Stübchen des Häuslers Wilhelm Ansorge zu Kaschbach im Eulengebirge. In einem engen, von der sehr schadhaften Diele bis zur schwarz verräucherten Balkendecke nicht sechs Fuß hohen Raum sitzen: zwei junge Mädchen, Emma und Bertha Baumert, an Webstühlen – Mutter Baumert, eine kontrakte Alte, auf einem Schemel am Bett, vor sich ein Spulrad – ihr Sohn August, zwanzigjährig, idiotisch, mit kleinem Rumpf und Kopf und langen, spinnenartigen Extremitäten, auf einem Fußschemel ebenfalls spulend. Durch zwei kleine, zum Teil mit

Papier verklebte und mit Stroh verstopfte Fensterlöcher der linken Wand dringt schwaches, rosafarbenes Licht des Abends. Es fällt auf das weißblonde, offene Haar der Mädchen, auf ihre unbekleideten, mageren Schultern und dünnen, wächsernen Nacken, auf die Falten des groben Hemdes im Rücken, das, nebst einem kurzen Röckchen aus härtester Leinewand, ihre einzige Bekleidung ist. Der alten Frau leuchtet der warme Hauch voll über Gesicht, Hals und Brust: ein Gesicht, abgemagert zum Skelett, mit Falten und Runzeln in einer blutlosen Haut, mit versunkenen Augen, die durch Wollstaub, Rauch und Arbeit bei Licht entzündlich gerötet und wässrig sind, einen langen Kropfhals mit Falten und Sehnen, eine eingefallene, mit verschossenen Tüchern und Lappen verpackte Brust. Ein Teil der rechten Wand, mit Ofen und Ofenbank, Bettstelle und mehreren grellgetuschten Heiligenbildern, steht auch noch im Licht. – Auf der Ofenstange hängen Lumpen zum Trocknen, hinter dem Ofen ist altes, wertloses Gerümpel angehäuft. Auf der Ofenbank stehen einige alte Töpfe und Kochgeräte, Kartoffelschalen sind zum Dörren auf Papier gelegt. – Von den Balken herab hängen Garnsträhnen und Weifen. Körbchen mit Spulen stehen neben den Webstühlen. In der Hinterwand ist eine niedrige Tür ohne Schloss. Ein Bündel Weidenruten ist daneben an die Wand gelehnt. Mehrere schadhafte Viertelkörbe stehen dabei. – Das Getöse der Webstühle, das rhythmische Gewuchte der Lade, davon Erdboden und Wände erschüttert werden, das Schlurren und Schnappen des hin und her geschnellten Schiffchens erfüllen den Raum. Da hinein mischt sich das tiefe, gleichmäßig fortgesetzte Getön der Spulräder, das dem Summen großer Hummeln gleicht.

5. Sprache/Stilmittel

„Die Weber" sind ein naturalistisches ➤ Drama, in dem die Personen genau die Sprache sprechen, die sie beherrschen.

❖ Charakterisiere die Sprache der vier im IV. Akt auftretenden Personen.

Kittelhaus	Hochdeutsch, gebildet
Weinhold	
Dreißiger	
Frau Dreißiger	

In den Regieanweisungen findest du ab und zu Hinweise, wie gesprochen wird (Weinhold ist unruhig, nervös, Frau Dreißiger schmollt).

❖ Schaue dir solche Anweisungen noch einmal genau an.

6. Gesprächsanlass und Gesprächsende

Gesprächsanlass bei Hauptmann ist das Zusammentreffen beim Fabrikanten Dreißiger, also nicht von den beiden veranlasst.

Das Gesprächsende wird durch die Entlassung, den Abgang Weinholds, bestimmt.

Muster
Eine Szene schreiben

> ## Ideen und Überlegungen für meinen Text
>
> ### 1. Personen
>
> Entscheidend für das in der Themenstellung verlangte Gespräch ist, welche Entwicklung die beiden, Weinhold und Kittelhaus, durchgemacht haben.
> Hier ist vor allem auch für das Gespräch entscheidend, welche Erlebnisse sie hinter sich haben und welche Erfahrungen sie daraus ziehen.
>
> Hier zwei mögliche Handlungsstränge:

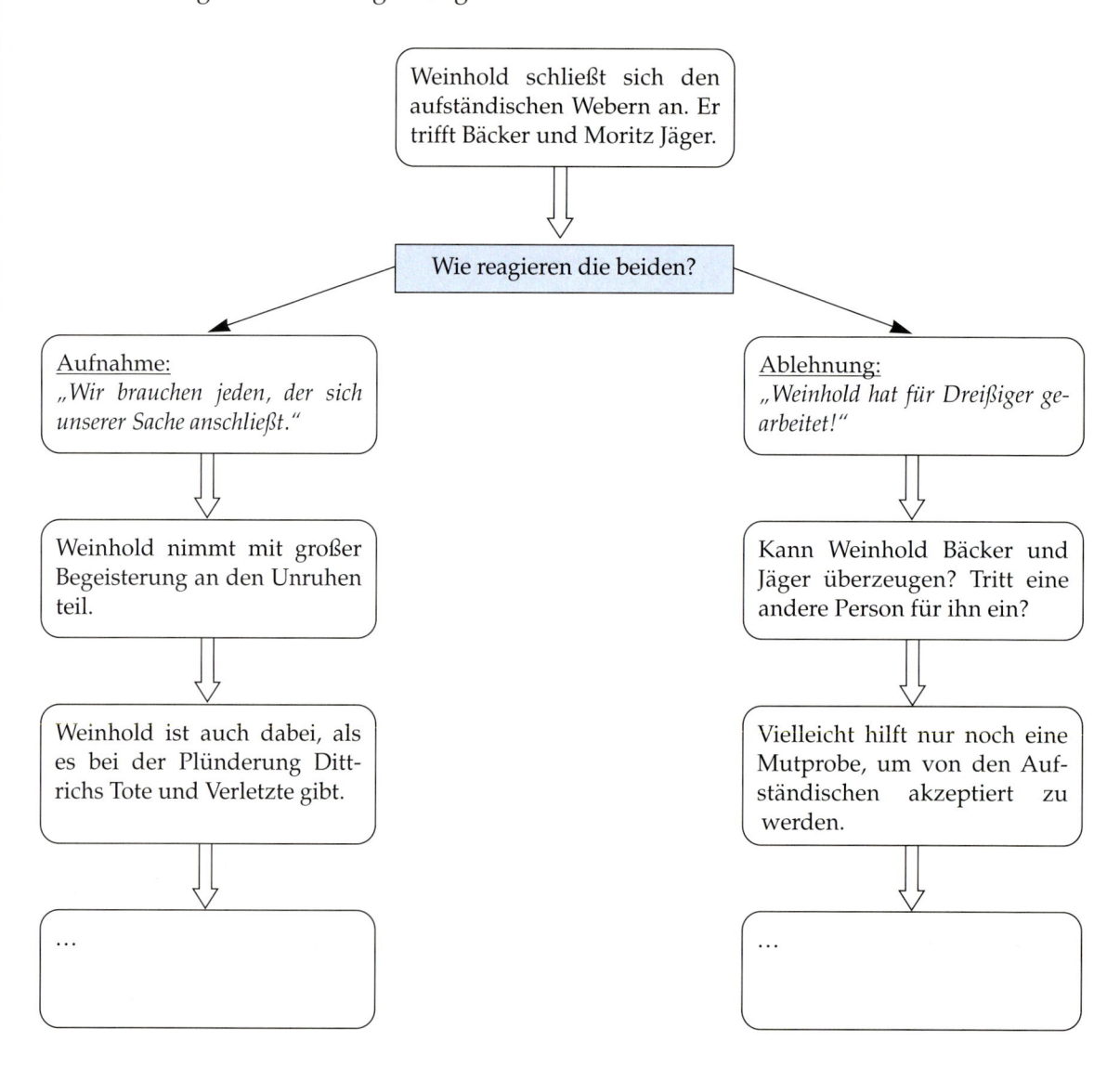

```
              Weinhold schließt sich den
              aufständischen Webern an. Er
              trifft Bäcker und Moritz Jäger.
                          │
                          ▼
              Wie reagieren die beiden?
              ╱                        ╲
             ▼                          ▼
 Aufnahme:                       Ablehnung:
 „Wir brauchen jeden, der sich   „Weinhold hat für Dreißiger ge-
 unserer Sache anschließt."      arbeitet!"
         │                                │
         ▼                                ▼
 Weinhold nimmt mit großer       Kann Weinhold Bäcker und
 Begeisterung an den Unruhen     Jäger überzeugen? Tritt eine
 teil.                           andere Person für ihn ein?
         │                                │
         ▼                                ▼
 Weinhold ist auch dabei, als    Vielleicht hilft nur noch eine
 es bei der Plünderung Ditt-     Mutprobe, um von den Auf-
 richs Tote und Verletzte gibt.  ständischen akzeptiert zu
                                 werden.
         │                                │
         ▼                                ▼
       …                                …
```

❖ Führe dieses Schema weiter aus.

❖ Überlege weitere mögliche Handlungsstränge.

❖ Weitere Begegnungen können der Entwicklung Weinholds eine andere Richtung geben.

Weinhold im Gespräch mit Mutter Hilse, vor ihm der getötete Großvater
Weinhold bei seinen Eltern

Muster
Eine Szene schreiben

Ähnliche Überlegungen musst du auch für den Pastor Kittelhaus anstellen. Beachte dabei, dass Pastor Kittelhaus am Ende des IV. Aktes von den aufständischen Webern misshandelt wird.

Ändern sich bei ihm die Einstellungen zu den gesellschaftlichen Verhältnissen? Welche einschneidenden Erlebnisse und Ereignisse prägen sein Bild des Aufstandes? Welche Personen sind für ihn während dieser Zeit von Bedeutung?

❖ Entscheide dich, nachdem du einige Möglichkeiten durchgespielt hast für jeweils einen Weg für Kittelhaus und Weinhold und bedenke hier möglichst viele Einzelheiten.

Hier hilft dir eine ▷ Mind-Map weiter, in der du verschiedene Einzelheiten ausführen kannst.

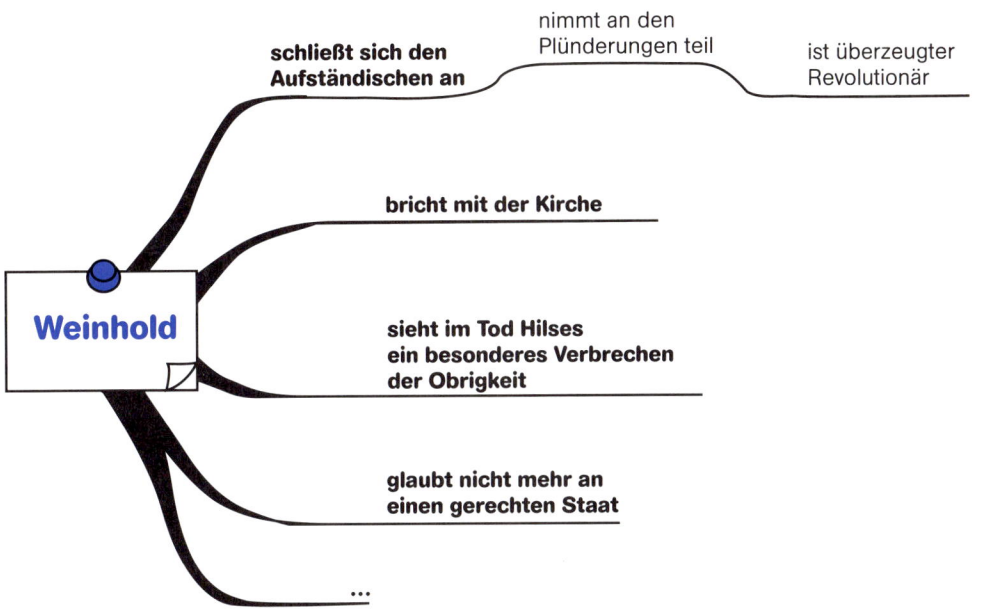

Weinhold
- schließt sich den Aufständischen an
- nimmt an den Plünderungen teil
- ist überzeugter Revolutionär
- bricht mit der Kirche
- sieht im Tod Hilses ein besonderes Verbrechen der Obrigkeit
- glaubt nicht mehr an einen gerechten Staat
- …

❖ Gehe bei Kittelhaus auf dieselbe Art und Weise vor.

2. Äußere/innere Handlung

In der Themenstellung treffen sich die beiden allein. Sie müssen also auf niemanden mehr Rücksicht nehmen. Daher ist dieser Punkt für die zu erledigende Aufgabe nicht mehr wichtig.

3. Textsorte

Deine Aufgabe besteht darin, einen szenischen Dialog zwischen Kittelhaus und Weinhold zu schreiben.
Gegenstand des Gespräches sind die Erlebnisse und Erfahrungen der letzten Zeit, wie du sie vorher erarbeitet hast.
Deine Hauptaufgabe wird sein, zum Charakter und zur Charakterentwicklung passende Äußerungen zu finden und die richtigen Erwiderungen. Überlege dir dabei auch das Ende des Gesprächs: Werden am Schluss die beiden versöhnt, unversöhnt auseinandergehen? Wird einer den andern überzeugen können?

4. Zeit/Ort

Der Zeitraum, der für das Gespräch von Bedeutung ist, beginnt mit der Entlassung Weinholds und endet mit dem Treffen der beiden einige Wochen später.
Für das Gespräch ist wichtig, dass du dir den Ort des Treffens überlegst: Auf der Straße, im Pfarrhaus, in der Gaststätte …? Wähle auch hier aus den Möglichkeiten aus und achte darauf, dass deine Entscheidungen zusammenpassen.

Überlege auch, ob eine Ortsbeschreibung wie bei Hauptmann für deinen Dialog wichtig ist. Auf alle Fälle ist es sinnvoll, wie Hauptmann mit einer kurzen Ortsbeschreibung zu beginnen.

5. Sprache/Stilmittel

Die beiden, Kittelhaus und Weinhold, sprechen Hochsprache. Der Dialekt des Dramas ist also keine Hürde bei der Aufgabenstellung. Allerdings könnte Weinhold, wenn er sich ganz auf die Seite der Weber geschlagen hat, ab und zu ein Dialektelement einstreuen. (Diesen Vorschlag solltest du aber nur verfolgen, wenn du im Gebrauch des Dialekts einigermaßen sicher bist.)

Du wirst dir auch überlegen müssen, welche Regieanweisungen du gibst, aus denen hervorgeht, wie die beiden reden.

6. Gesprächsanlass und Gesprächsende

a) Überlege dir verschiedene Möglichkeiten für Gesprächsanlass und Gesprächsende.

b) Bewerte sie danach, ob sie zu deinen übrigen Entscheidungen passen.

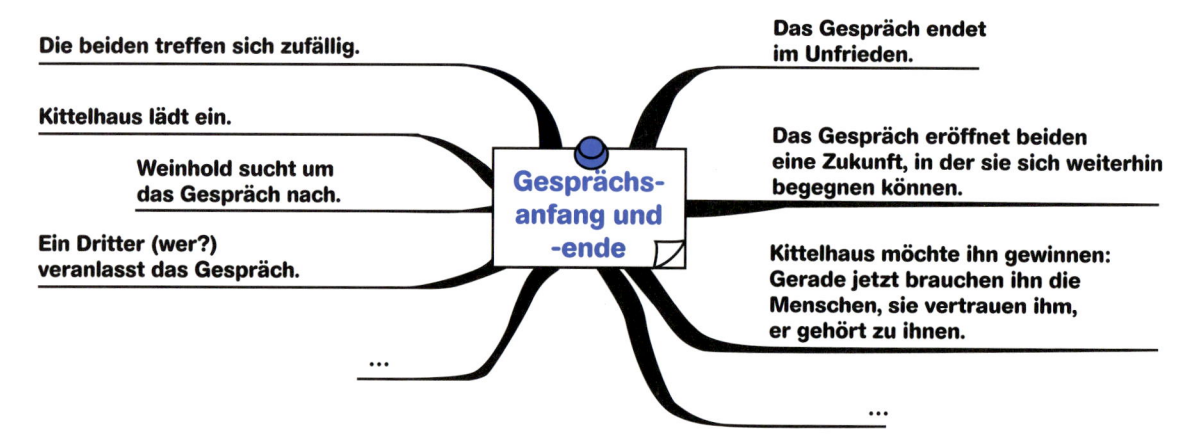

Gesprächsanfang und -ende

- Die beiden treffen sich zufällig.
- Kittelhaus lädt ein.
- Weinhold sucht um das Gespräch nach.
- Ein Dritter (wer?) veranlasst das Gespräch.
- ...

- Das Gespräch endet im Unfrieden.
- Das Gespräch eröffnet beiden eine Zukunft, in der sie sich weiterhin begegnen können.
- Kittelhaus möchte ihn gewinnen: Gerade jetzt brauchen ihn die Menschen, sie vertrauen ihm, er gehört zu ihnen.
- ...

❖ Entscheide dich für eine Möglichkeit und bewerte sie danach, ob sie zu deinen übrigen Entscheidungen passt.

(Wenn Weinhold ein überzeugter Revolutionär geworden ist, dann wird er nicht ohne weiteres von sich aus Kittelhaus zu sich einladen, andererseits könnte er aber einer Einladung Kittelhaus' folgen. Welche Gründe hätte dann Kittelhaus, ihn einzuladen? Und so weiter …)

Wie formuliere ich meine Schreibziele?

Deine Schreibziele müssen die Aufgabenstellung berücksichtigen und die eigenen Ideen mit einbeziehen. Das hast du für dich geklärt:

Weinholds Erlebnisse und Erfahrungen während des Aufstandes

Kittelhaus' Erlebnisse und Erfahrungen während des Aufstandes

Grund des Treffens

Ort des Treffens

Ende des Gesprächs

Daraus resultierend: Themen des Gesprächs und wie die beiden miteinander sprechen

Muster — Eine Szene schreiben

Wie formuliere ich den ersten Satz und wie geht es weiter?

So könnte die Szene beginnen:

Pfarrhaus, Pfarrstube. Pastor Kittelhaus sitzt mit dem Rücken zum Zuschauerraum am Schreibtisch und bereitet die Sonntagspredigt vor. Das Zimmer ist zweckdienlich, aber teuer eingerichtet. In der Ecke ein großes Kruzifix … Es klopft.

KITTELHAUS, *mechanisch.* Herein!
WEINHOLD *öffnet die Tür.* Sie wollten mich sprechen, Herr Kittelhaus.
KITTELHAUS, *ohne sich zur Tür umzudrehen.* Ja, Weinhold – Kandidat Weinhold!, das wollte ich.
WEINHOLD *bleibt an der Tür stehen.* Nun, hier bin ich. Was wollen Sie von mir?
KITTELHAUS, *immer noch abgewandt.* Nun, Herr Kandidat, es ist Zeit, über Ihre Zukunft zu sprechen.
WEINHOLD, *zurückweisend.* Dann sollten wir die jüngste Vergangenheit nicht vergessen.
KITTELHAUS, *der sich während der letzten Worte umgedreht hat.* Ja, was haben Sie gemacht seit damals, als Sie so überstürzt das Haus des Herrn Dreißiger verlassen haben. Ich habe Schlimmes gehört …
WEINHOLD, *mit gepresster Stimme.* Schlimmes von mir oder Schlimmes von den Herren Dreißigern?
KITTELHAUS. Von Ihnen. Erzählen Sie! Ich bin Ihr Seelsorger. Das habe ich Ihnen schon damals gesagt, dass es auf die Seele ankommt.
WEINHOLD. Hätten Sie das Elend gesehen, dann wüssten Sie, dass es auch auf den Leib ankommt.

❖ Wie könnte es weitergehen?
 Überlege auch, welche Entscheidungen bis jetzt bezüglich der Entwicklung Weinholds, Kittelhaus' zu Gesprächsort und Gesprächsanlass gefallen sind.
 Welche Entscheidungen sind noch zu fällen?

❖ Beachte auch sinnvolle Regieanweisungen.

Wie überarbeite ich meinen Text?

❖ Hast du alles berücksichtigt, was in der Aufgabe steckt?

❖ Schau dir noch einmal deine Schreibziele an und erinnere dich an die Schwierigkeiten, die du entdeckt hast.

❖ Du hast dich für eine Szene entschieden. Überprüfe die Schlüssigkeit der Konzeption.

❖ Handeln deine Personen konsequent?

❖ Ist das Ziel des Gesprächs mit den Äußerungen in der Szene vereinbar?

❖ Sind beide Personen ausreichend berücksichtigt?

❖ Stimmen die Regieanweisungen?

Georg Büchner: Woyzeck

MARIENS KAMMER Marie. Tambourmajor.

TAMBOURMAJOR. Marie!
MARIE, *ihn ansehend, mit Ausdruck.* Geh einmal vor dich hin! – Über die Brust wie ein Rind und ein Bart wie ein Löw. So ist keiner! – Ich bin stolz vor allen Weibern!
TAMBOURMAJOR. Wenn ich am Sonntag erst den großen Federbusch hab' und die weiße Handschuh, Donnerwetter! Der Prinz sagt immer: Mensch, Er ist ein Kerl.
MARIE, *spöttisch.* Ach was! – *Tritt vor ihn hin.* Mann!
TAMBOURMAJOR. Und du bist auch ein Weibsbild! Sapperment, wir wollen eine Zucht Tambourmajors anlegen. He? *Er umfasst sie.*
MARIE, *verstimmt.* Lass mich!
TAMBOURMAJOR. Wild Tier!
MARIE, *heftig.* Rühr mich an!
TAMBOURMAJOR. Sieht dir der Teufel aus den Augen?
MARIE. Meinetwegen. Es ist alles eins.

MARIENS KAMMER

MARIE *sitzt, ihr Kind auf dem Schoß, ein Stückchen Spiegel in der Hand.* Der andre hat ihm befohlen, und er hat gehen müssen! *Bespiegelt sich.* Was die Steine glänzen! Was sind's für? Was hat er gesagt? – – Schlaf, Bub! Drück die Augen zu, fest! *Das Kind versteckt die Augen hinter den Händen.* Noch fester! Bleib so – still, oder er holt dich! – *Singt.*
    Mädel, mach's Ladel zu
    's kommt e Zigeunerbu,
    führt dich an deiner Hand
    fort ins Zigeunerland.
Spiegelt sich wieder. 's ist gewiss Gold! Wie wird mir's beim Tanz stehen? Unsereins hat nur ein Eckchen in der Welt und ein Stückchen Spiegel, und doch hab ich ein' so roten Mund als die großen Madamen mit ihren Spiegeln von oben bis unten und ihren schönen Herrn, die ihnen die Händ küssen. Ich bin nur ein arm Weibsbild! *Das Kind richtet sich auf.* Still, Bub, die Augen zu! Das Schlafengelchen! Wie's an der Wand läuft – *sie blinkt ihm mit dem Glas* – die Augen zu, oder es sieht dir hinein, dass du blind wirst!

Woyzeck tritt herein, hinter sie. Sie fährt auf, mit den Händen nach den Ohren.
WOYZECK. Was hast du?
MARIE. Nix.
WOYZECK. Unter deinen Fingern glänzt's ja.
MARIE. Ein Ohrringlein; hab's gefunden.
WOYZECK. Ich hab' so noch nix gefunden, zwei auf einmal!
MARIE. Bin ich ein Mensch?
WOYZECK. 's ist gut, Marie. – Was der Bub schläft! Greif ihm unters Ärmchen, der Stuhl drückt ihn. Die hellen Tropfen stehn ihm auf der Stirn; alles Arbeit unter der Sonn, sogar Schweiß im Schlaf. Wir arme Leut! – Da ist wieder Geld, Marie; die Löhnung und was von meim Hauptmann.
MARIE. Gott vergelt's, Franz.
WOYZECK. Ich muss fort. Heut Abend, Marie! Adies!
MARIE, *allein, nach einer Pause.* Ich bin doch ein schlechter Mensch! Ich könnt' mich erstechen. – Ach, was Welt! Geht doch alle zum Teufel, Mann und Weib!

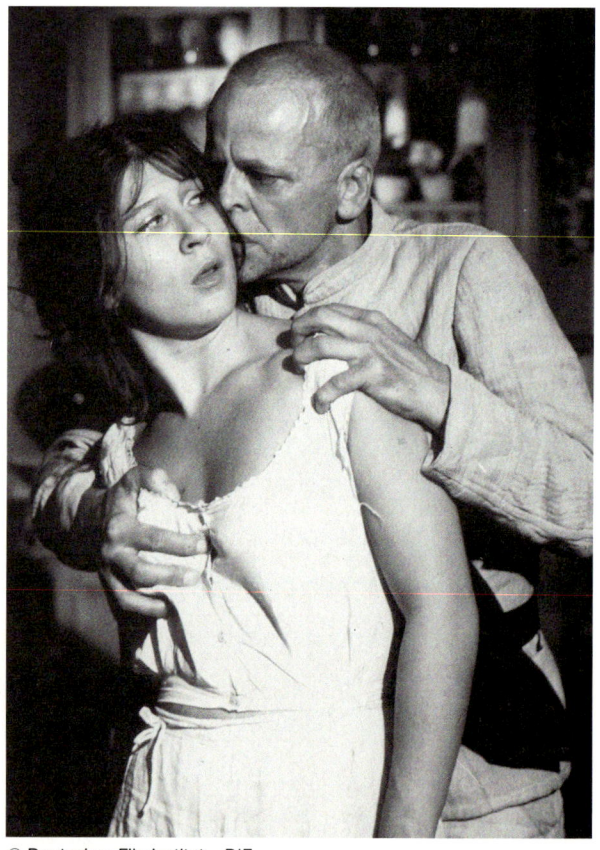

© Deutsches Filminstitut – DIF

Aufgabe mit Lösungshilfen
Einen literarischen Brief schreiben

MARIENS KAMMER Marie. Woyzeck.

WOYZECK, *sieht sie starr an und schüttelt den Kopf.* Hm! Ich seh nichts, ich seh nichts. O, man müsst's sehen, man müsst's greifen könne mit Fäusten!

MARIE, *verschüchtert.* Was hast du, Franz? – Du bist hirnwütig, Franz.

WOYZECK. Eine Sünde, so dick und so breit – es stinkt, dass man die Engelchen zum Himmel hinausräuchern könnt'! Du hast ein' roten Mund, Marie. Keine Blase drauf? Wie, Marie, du bist schön wie die Sünde – kann die Todsünde so schön sein?

MARIE. Franz, du redest im Fieber!

WOYZECK. Teufel! – Hat er da gestanden? So? So?

MARIE. Dieweil der Tag lang und die Welt alt is, können viele Menschen an einem Platz stehen, einer nach dem andern.

WOYZECK. Ich hab ihn gesehn!

MARIE. Man kann viel sehn, wenn man zwei Auge hat und nicht blind is und die Sonn scheint.

WOYZECK. Mensch! *Geht auf sie los.*

MARIE. Rühr mich an, Franz! Ich hätt' lieber ein Messer in den Leib als deine Hand auf meiner. Mein Vater hat mich nicht anzugreifen gewagt, wie ich zehn Jahre alt war, wenn ich ihn ansah.

WOYZECK. Weib! – Nein, es müsste was an dir sein! Jeder Mensch ist ein Abgrund; es schwindelt einem, wenn man hinabsieht. – Es wäre! Sie geht wie die Unschuld. Nun, Unschuld, du hast ein Zeichen an dir. Weiß ich's? Weiß ich's? Wer weiß es? *Er geht.*

WALDSAUM AM TEICH Marie und Woyzeck.

MARIE. Also dort hinaus is die Stadt. 's is finster.

WOYZECK. Du sollst noch bleiben. Komm, setz dich!

MARIE. Aber ich muss fort.

WOYZECK. Du wirst dir die Füß nit wund laufe.

MARIE. Wie bist du nur auch!

WOYZECK. Weißt du auch, wie lang es jetzt is, Marie?

MARIE. Am Pfingsten zwei Jahr.

WOYZECK. Weißt du auch, wie lang es noch sein wird?

MARIE. Ich muss fort, das Nachtessen richten.

WOYZECK. Friert's dich, Marie? Und doch bist du warm! Was du heiße Lippen hast! Heiß, heißen Hurenatem! Und doch möcht ich den Himmel geben, sie noch einmal zu küssen … Wenn man kalt is, so friert man nicht mehr. Du wirst vom Morgentau nicht frieren.

MARIE. Was sagst du?

WOYZECK. Nix. *Schweigen.*

MARIE. Was der Mond rot aufgeht!

WOYZECK. Wie ein blutig Eisen.

MARIE. Was hast du vor? Franz, du bist so blaß. *Er holt mit dem Messer aus.* Franz, halt ein! Um des Himmels willen, Hilfe, Hilfe!

WOYZECK *sticht drauflos.* Nimm das und das! Kannst du nicht sterben? So! So! Ha, sie zuckt noch; noch nicht, noch nicht? Immer noch. *Stößt nochmals zu.* – Bist du tot? Tot! Tot! … *Er lässt das Messer fallen und läuft weg.*

(Aus: Georg Büchner: Woyzeck, aus: Ders.: Werke und Briefe, Gesamtausgabe, München: Deutscher Taschenbuch Verlag 1972)

Aufgabe Woyzeck wurde verhaftet und des Mordes an Marie angeklagt. In der Untersuchungshaft fasst er Mut, einen ausführlichen Brief an seinen Verteidiger zu schreiben. Es ist ein Versuch, sich seiner Lebenssituation bewusst zu werden und seine Sicht der Dinge niederzuschreiben.

Aufgabe mit Lösungshilfen
Einen literarischen Brief schreiben

Worauf zielt die Aufgabe?

- Unterstreiche die Schlüsselbegriffe der Aufgabenstellung.

- Gib den Inhalt der einzelnen Szenen wieder.

- Zur Einordnung in den Gesamtkontext hilft dir ein Überblick über den Inhalt des gesamten Dramas. Ordne anschließend den Szenenausschnitt in das Gesamtgeschehen ein.

- Untersuche die Textbeispiele und verbinde die wichtigen inhaltlichen Elemente mit dem zu schreibenden Text.

Aufgabenlösung wie in der Mustereinheit.

Meine Werkzeuge für die Aufgabenstellung

Personen/Figuren	Äußere/innere Handlung
Zeit/Ort	Stimmung
Perspektive des Schreibens	Sprache/Stilmittel
Textsorte	

- Nimm die Schlüsselbegriffe der Themenstellung und setze sie zu deinem literarischen Wissen in Beziehung.

- Welches literarische Wissen musst du über die Schlüsselbegriffe hinaus anwenden?

Aufgabenlösung wie in der Mustereinheit.

Was erfahre ich im vorliegenden Text für die Aufgabenstellung?

1. Personen/Figurenentwicklung

- Die Beziehung zu Marie ist für Woyzeck von grundlegender Bedeutung. Diese Beziehung sieht er gefährdet. Welche Textstellen machen dies deutlich?

Woyzecks Beziehung zu Marie	
„Was hast du? ... Unter deinen Fingern glänzt's ja." (Z. 49, 51)	Ist das nicht verdächtig? Woher hat Marie diesen Schmuck?
„Da ist wieder Geld, Marie;" (Z. 60ff.)	...
„Teufel! – Hat er da gestanden? So? So?" (Z. 84)	...

Maries Beziehung zu Woyzeck, zum Tambourmajor und zu ihrem Sohn erscheinen widersprüchlich. In einer Zitatenübersicht kannst du dir Klarheit verschaffen.

Aufgabe mit Lösungshilfen
Einen literarischen Brief schreiben

❖ Sammle aus dem Textausschnitt Stellen, die Maries Beziehungen deutlich machen.

	Textstelle	Auswertung
Marie – Woyzeck		
Marie – Sohn		
Marie – Tambourmajor	„So ist keiner ! – Ich bin stolz vor allen Weibern!" (Z. 5f.)	fühlt sich hingezogen zum Mann
	„Lass mich!" (Z. 16)	weist ihn zurück

❖ Suche möglichst viele Textstellen, die Aufschluss über Marie geben.

Der Hauptmann und der Doktor spielen in Woyzecks Dasein sehr wichtige Rollen. Informiere dich nochmals über diese beiden wichtigen Figuren.

2. Äußere/innere Handlung

❖ Woyzecks Prozess der innerlichen Verelendung ist sichtlich weit fortgeschritten. Dies wird an bestimmten Textstellen deutlich.

Der Weg in die Katastrophe	
„Die hellen Tropfen stehn ihm auf der Stirn; alles Arbeit unter der Sonn, sogar Schweiß im Schlaf. Wir arme Leut!" (Z. 58ff.)	Der Junge steht hier als Symbol für …
„Jeder Mensch ist ein Abgrund; es schwindelt einem, wenn man hinabsieht." (Z. 100f.)	…
„Ach was Welt! Geht doch alle zum Teufel, Mann und Weib!" (Z. 68f.)	…
„Weißt du auch, wie lang es jetzt ist, Marie? … Weißt du auch, wie lange es noch sein wird?" (Z. 113ff.)	…
…	…

❖ Suche auch hier möglichst viele Textstellen.

3. Stimmung

Die aufgeführten Szenen des Dramas verdeutlichen die Ausweglosigkeit der handelnden Figuren in ihrer besonderen Situation.

4. Textsorte

Büchners Drama „Woyzeck" ist ein Fragment, d. h. es ist nicht vollständig als Drama erhalten, da Büchner es nicht abschließen konnte. Dies ist gleichzeitig das Faszinierende an diesem Bühnenstück. Die Reihenfolge der Szenen wird je nach Inszenierung und Schwerpunktsetzung verändert, der Zuschauer ist mit immer neuen Ideen konfrontiert.

5. Zeit/Ort

❖ Verschaffe dir einen Überblick über die Orte, an denen die einzelnen Szenen in Büchners Woyzeck spielen.

❖ Informiere dich über die Zeit, in der das Drama spielt.

Aufgabenlösung analog zur Mustereinheit.

Aufgabe mit Lösungshilfen
Einen literarischen Brief schreiben

Ideen und Überlegungen für meinen Text

1. Personen

Aus der Aufgabenstellung wird deutlich, dass der Brief für Woyzeck eine Bilanzierung seines Lebens darstellt.

- Er wird sich zu den wichtigsten Personen äußern. Natürlich wird im Mittelpunkt der Mensch stehen, den er liebte, Marie und ihr Verhalten.
- Wichtig ist auch, den Einfluss vor allem des Hauptmanns und des Doktors aus Woyzecks Sicht herauszuarbeiten.
- Welches Ziel verfolgt Woyzeck mit dem Brief? Möchte er um Verständnis werben, möchte er Schuld eingestehen?

2. Äußere/innere Handlung

So könnte Woyzecks Brief aufgebaut sein:

Schreibgrund: Woyzeck teilt dem Empfänger mit, weshalb er ihm auf diesem Wege etwas mitteilen möchte.

SCHULD	LIEBE
– ...	– Marie
– ...	– Bub
LEBENSSITUATION	**OPFER**
– Militär	– Hauptmann
– Marie	– Doktor
ERWARTUNGEN	**BILANZ**
– Todesurteil	– ...
– ...	– ...

3. Stimmung

Woyzeck ist im Gefängnis, ihn erwartet die Todesstrafe. Wie wird sich das in seinem Brief niederschlagen?

4. Textsorte

Der Brief ist eine sehr subjektive Form der Mitteilung. Er eignet sich besonders dann, wenn Figuren Gefühle, Pläne und Rückblicke offenlegen wollen. In den Brief sollten Erfahrungen, wie sie aus den Szenen herauslesbar sind, eingehen.

5. Zeit/Ort

Woyzeck schreibt seinen Brief im Gefängnis. Dieses Gefangensein, die Ausweglosigkeit sollte in dem Brief zum Ausdruck kommen.

| **Aufgabe mit Lösungshilfen** | **91** |
| Einen literarischen Brief schreiben | |

Wie formuliere ich meine Schreibziele?

Deine Schreibziele müssen die Aufgabenstellung berücksichtigen und die eigenen Ideen mit einbeziehen. Das hast du für dich geklärt:

Woyzecks Beziehungen zu einzelnen Personen und seine Bewertung

Woyzecks Lebensbilanz

Besteht für Woyzeck irgendeine Hoffnung?

Briefform (Adressat, Absicht)

Wie formuliere ich den ersten Satz und wie geht es weiter?

Herr Verteidiger!
Mein Leben ist verwirkt. Aber es soll nicht zu Ende gegangen sein, ohne dass ich sage, wie es dazu gekommen ist.

- ❖ Suche weitere Briefanfänge.
- ❖ Denke dabei immer wieder an deine Schreibziele, sodass du den roten Faden nicht verlierst.

Aufgabenlösung wie in der Mustereinheit.

Wie überarbeite ich meinen Text?

- ❖ Hast du alles berücksichtigt, was in der Aufgabe steckt?
- ❖ Schau dir noch einmal dein Schreibziel an und erinnere dich an die Schwierigkeiten, die du entdeckt hast.
- ❖ Du hast dich für eine Grundlinie entschieden. Überprüfe die Schlüssigkeit der Konzeption (Adressat, Absicht Woyzecks …).
- ❖ Sind die Schilderungen und Einschätzungen Woyzecks nach deiner Vorstellung nachvollziehbar?
- ❖ Sind die verschiedenen Figuren ausreichend berücksichtigt?
- ❖ Wird vor allem die verpfuschte Beziehung zu Marie, ihr Charakter aus der Sicht Woyzecks deutlich?
- ❖ Stimmt die Briefform?

Weitere Aufgaben

Eine Szene schreiben

Friedrich Schiller: Die Räuber

Text aus: Friedrich Schiller: Die Räuber, München: Deutscher Taschenbuch Verlag 1997.

Aufgabe (II,2) Franz Moor treibt sein Intrigenspiel auf den Höhepunkt, um die Macht im Moor'schen Haus zu erringen. Doch der alte Moor, obwohl gesundheitlich schwer angeschlagen, erhält verschiedene Hinweise und durchschaut das Ränkespiel seines Sohnes Franz. Er stellt ihn zur Rede. Schreibe diese Szene.

☞ Kleine Hinweise und Hilfen:

- **Personen/Figuren; äußere/innere Handlung; Stimmung:**
  Stelle die Handlungsmotive der beiden Figuren heraus. Wie argumentieren die beiden, welche Rolle spielt für sie Karl Moor? Wie beeinflusst diese Figur das Handlungsgefüge?
- **Zeit/Ort:**
  „Die Räuber" spielen in Deutschland vor ungefähr 220 Jahren.

Einen literarischen Brief schreiben

Friedrich Schiller: Die Räuber

Text aus: Friedrich Schiller: Die Räuber, München: Deutscher Taschenbuch Verlag 1997.

Aufgabe Karl Moor erfährt von der trostlosen Situation, die durch die Intrigen Franz Moors zu Hause entstanden ist. Er schreibt seinem Vater einen Brief, in dem er versucht, ihm sein Räuberleben zu erklären.

☞ Kleine Hinweise und Hilfen:

- **Personen/Figuren; äußere/innere Handlung; Stimmung:**
  Karl Moor sitzt in einer Falle. Wie soll er sich seinem Vater erklären? Er weiß, dass sein Bruder mit aller Gewalt an die Macht strebt. Soll er auf schnellstem Wege nach Hause kommen? Oder kann er seine Räuberideale nicht aufgeben?

Muster — Eine Rede schreiben

2.6 Texte weiterverarbeiten (Sachtexte)

Johannes Lindner: Jugend ohne Arbeit

Die Arbeitsgesellschaft ist für Jugendliche so stark verschlossen wie noch nie. In Deutschland für jeden zehnten, in Europa für jeden vierten [...]. Arbeit ist heute immer noch die wichtigste Voraussetzung für die Teilnahme am gesellschaftlichen Leben. Wird dies den Jugendlichen verwehrt, sind Perspektivlosigkeit, wachsende Kriminalität, Aggression und soziale Polarisierung der Gesellschaft die Folge. Vertröstet werden Jugendliche mit Hinweisen auf die Selbstheilungskräfte des Marktes und ein baldiges Ende der Rezession. Dies kann für Jugendliche jedoch keine Antwort sein, denn für sie geht es um ihr Selbstverständnis als gleichberechtigte Mitglieder der Gesellschaft und um die Frage einer selbstgestalteten Zukunft.

Jugendliche sollen kreativ, leistungsbereit und anpassungsfähig sein. Die Anforderungen der Zukunft erforderten dies, so heißt es vonseiten der Politik und Wirtschaft. Jugendlichen muss dazu jedoch die Möglichkeit gegeben werden. Lehrstellen, die interessant sind, und Arbeitsplätze, die Jugendlichen offenstehen, setzen starke Anreize für Kreativität und gesellschaftliches Engagement. Angst und Druck führen dagegen zu Rückzug und Resignation.

Mucken Jugendliche auf und fordern die Öffnung der Arbeitsgesellschaft, so entgegnet man ihnen mit schroffen Belehrungen, die bei „Leistungsanreizen" anfangen und mit „Standortwettbewerb" aufhören. Es bleibt dabei unverständlich, warum die Mobilität des Kapitals und das Kalkül einiger höher bewertet werden müssen als der Wunsch anderer, überhaupt Leistung zu zeigen [...].

Es bleibt entscheidend, als was die Gesellschaft Arbeitslosigkeit begreift. Für die Jugend ist die Antwort klar: Es gibt eine gesellschaftliche Verantwortung, der jüngeren Generation den Zugang in das Arbeitsleben zu gewährleisten. Ist Arbeitslosigkeit bei 50-Jährigen, die aus dem Beruf herausfallen, schon schlimm, so ist sie bei Jugendlichen ein Skandal!

(Aus: Johannes Lindner, Gesellschaft für die Rechte zukünftiger Generationen: Ihr habt dieses Land nur von uns geborgt, Hamburg: Verlag Rasch und Röhrig 1997, S. 271f.)

Aufgabe Schreibe ausgehend vom Text von Johannes Lindner eine Rede, die du vor dem Jugendgemeinderat hältst. Sie soll durch eine nachvollziehbare Argumentation und geeignete rhetorische Mittel die Zuhörer von deiner Aussage überzeugen.

Worauf zielt die Aufgabe?

- ❖ Unterstreiche die Schlüsselwörter der Aufgabenstellung.

Aufgabe Schreibe ausgehend vom Text von Johannes Lindner <u>eine Rede</u>, die du vor dem Jugendgemeinderat hältst. Sie soll durch eine <u>nachvollziehbare Argumentation</u> und geeignete <u>rhetorische Mittel</u> die <u>Zuhörer</u> von deiner Aussage <u>überzeugen</u>.

- ❖ Mache dich mit dem Inhalt des Textes im Allgemeinen vertraut und gib ihn in knappen Worten wieder.

94 Muster
Eine Rede schreiben

Der Autor stellt dar, welche wichtige gesellschaftliche Bedeutung die Jugendarbeitslosigkeit hat. Ausgehend von ihren Folgen kritisiert er die Haltung von Politik und Wirtschaft zu diesem Problem. Am Schluss steht die klare Forderung an die Gesellschaft, ihrer Verantwortung für die Jugendlichen nachzukommen.

❖ Setze den Ausgangstext in Beziehung zu dem von dir zu schreibenden Text.

Ausgangstext	→	zu schreibender Text
argumentierender ▶ Sachtext		argumentierende ▶ Rede

Deine Aufgabe wird also sein,
Argumente, die in dem Text von Lindner zu finden sind, in einen Redetext zu verpacken, neue Argumente für deine Zuhörerschaft zu finden.

Meine Werkzeuge für die Aufgabenstellung

Kernbegriffe und Aspekte	Argumentaufbau
Nachvollziehbarkeit	Rhetorische Mittel
Redeanlass	Redeaufbau
Partnertaktik	

❖ Setze die Schlüsselbegriffe der Themenstellung zu deinem Wissen über ▷ Argumentationen und Rhetorik in Beziehung.

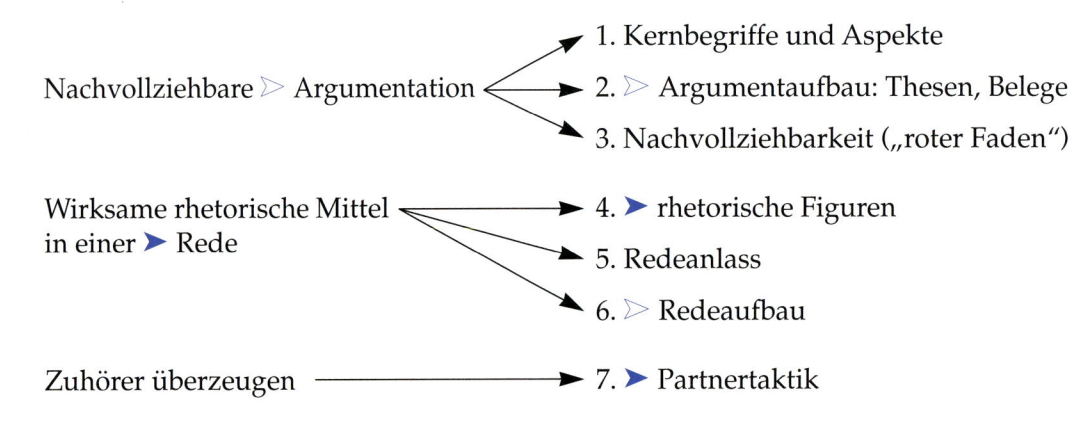

Nachvollziehbare ▷ Argumentation
→ 1. Kernbegriffe und Aspekte
→ 2. ▷ Argumentaufbau: Thesen, Belege
→ 3. Nachvollziehbarkeit („roter Faden")

Wirksame rhetorische Mittel in einer ▶ Rede
→ 4. ▶ rhetorische Figuren
→ 5. Redeanlass
→ 6. ▷ Redeaufbau

Zuhörer überzeugen → 7. ▶ Partnertaktik

Was erfahre ich im vorliegenden Text für die Aufgabenstellung?

1. Kernbegriffe und Aspekte

Kernbegriffe und Aspekte, die in dem Text von Lindner vorkommen:
- Arbeitsgesellschaft
- Teilnahme am gesellschaftlichen Leben
- Perspektivlosigkeit

❖ Suche weitere Aspekte.

2. Argumentaufbau: Thesen und Belege

Der Ausgangstext ist ein Sachtext. In meist nüchterner Sprache werden Fakten und Thesen vorgestellt, um das Problem der Jugendarbeitslosigkeit, das den inhaltlichen Schwerpunkt bildet, zu beleuchten.

❖ Suche die von Lindner angeführten Thesen und Fakten (Belege).

Die Darstellung in einer ▷ Tabelle eignet sich hier besonders, weil man den Zusammenhang, aber auch Lücken sofort sehen kann.

Thesen	Fakten/Belege
Noch nie war die Arbeitsgesellschaft für Jugendliche so verschlossen.	Jeder zehnte deutsche Jugendliche hat keine Arbeit (Statistik).
Ohne Teilhabe am gesellschaftlichen Leben über Arbeit sind Perspektivlosigkeit … die Folge.	…
…	…

❖ Fahre fort und vervollständige die Tabelle.

3. Nachvollziehbarkeit

Finde den „roten Faden" in der Argumentation von Lindner.

Jugendlichen wird die Teilnahme am gesellschaftlichen Leben verwehrt.
　↳ *Jugendliche sind mit der Antwort der Gesellschaft unzufrieden.*
　　↳ *Jugendlichen muss man mit Angeboten entgegenkommen.*
　　　↳ *…*

❖ Fahre in gleicher Weise fort.

4. Rhetorische Figuren

Der Text von Lindner enthält bereits eine Reihe ▶ rhetorische Figuren, die die sachliche Argumentation unterstützen.

Einschub (➜ eine Behauptung, die andere infrage stellt)	Die Anforderungen der Zukunft erforderten dies, so heißt es vonseiten der Politik und Wirtschaft. (Z. 18)
Rhetorische Klammer (➜ Argumentation wird umschlossen)	…, die bei „Leistungsanreizen" anfangen und bei „Standortwettbewerb" aufhören. (Z. 29)
Steigerung (➜ einer Argumentation Nachdruck verleihen)	Ist die Arbeitslosigkeit bei 50-Jährigen, …, schon schlimm, so ist sie bei Jugendlichen ein Skandal. (Z. 40)

❖ Suche die passenden Textstellen zu den folgenden rhetorischen Figuren.

Anspielung (➜ ungenaue Andeutung, um nicht konkret werden zu müssen und um den Adressaten zum Weiterdenken zu veranlassen)	(Z. 31)
Gegensätze (➜ Argumentation wird von verschiedenen Seiten beleuchtet und dadurch gefestigt)	(Z. 12)

Muster
Eine Rede schreiben

5. und 6. Redeanlass und Redeaufbau

Beim vorliegenden Text handelt es sich um einen Aufsatz, aber noch nicht um eine Rede.

7. Partnertaktik

Auch die Partnertaktik ist eine Angelegenheit der Rede: Sie musst du unbedingt im Auge haben, wenn du deine Rede kommunikativ wirksam ausarbeiten willst. Das heißt, dass du dich auf die Erwartungen der Zuhörer einstellst und Inhalt und Stil der Rede danach ausrichtest.

Ideen und Überlegungen für meinen Text

1. Kernbegriffe und Aspekte

Die vorhandenen Aspekte reichen für deine Rede nicht aus. Vor allem sollten die bei Lindner genannten Argumente aktualisiert werden und weitere Aspekte dazukommen. Es ist also zusätzliches Material zu beschaffen. Das kann die örtliche Arbeitsverwaltung (Arbeitsamt) liefern; auch Gewerkschaftsbüros haben solche Unterlagen; in Tageszeitungen, Fachzeitschriften und Magazinen sind Artikel zu diesem Thema veröffentlicht worden. Natürlich bietet auch das Internet Hilfe an: ➜ Suchmaschine ➜ Stichwort „Jugendarbeitslosigkeit". Hier eignet sich am besten eine ▷ Mind-Map, die vom Begriff „Jugendarbeitslosigkeit" ausgeht.

Mind-Map: Jugendarbeitslosigkeit

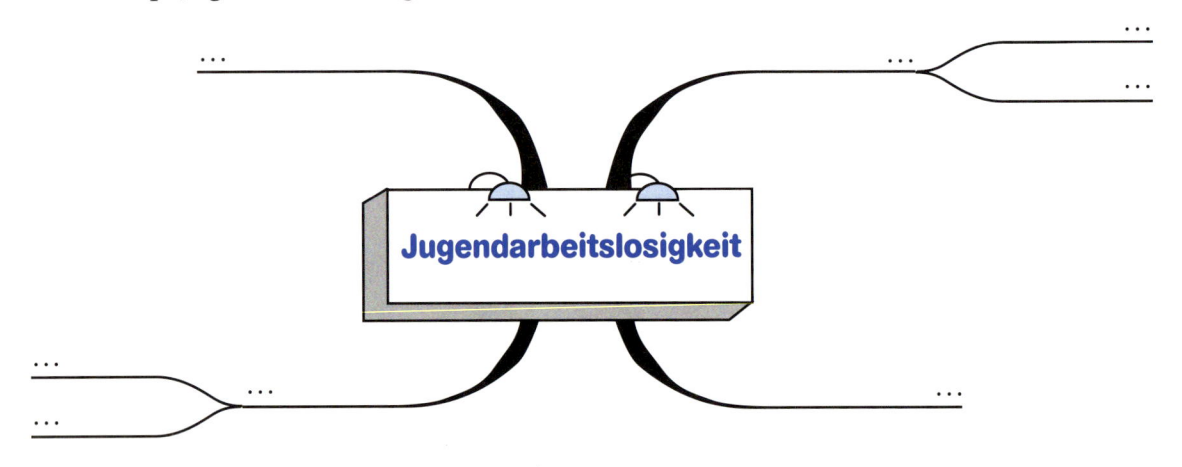

❖ Vervollständige die Mind-Map.

❖ Überprüfe, ob Aspekte, die du jetzt bei deinen aktuellen Nachforschungen sammelst, schon bei Lindner genannt sind.

2. Argumentaufbau: Thesen und Belege

Die Aufgabenstellung verlangt, den Text so umzuarbeiten, dass daraus eine Rede entsteht. In erster Linie ist daher wichtig, dass auf eine nachhaltige Wirkung bei den Hörern geachtet wird.
Das bedeutet, dass du nach erfolgter Textanalyse und erreichtem Textverständnis die Fakten und Thesen des Ausgangstextes nehmen und in ein Rede-Manuskript einbauen musst. Dabei kannst du dich aber vom Argumentaufbau des Ausgangstextes leiten lassen. Wichtig für deine Rede, ist, worauf du hinauswillst. Stellst du dich auf die Seite von Lindner? Hast du weitere Argumente derselben Art? Hast du andere Argumente?

3. Nachvollziehbarkeit

Hier gilt dasselbe wie vorher. Du kannst den roten Faden, den du bei Lindner entdeckt hast, übernehmen. Ergänze ihn dort, wo du es für sinnvoll hältst.

4. Rhetorische Figuren

Du brauchst für eine Rede mehr rhetorische Figuren als der Ausgangstext.

❖ Informiere dich darüber, welche weiteren rhetorischen Mittel die Ausdruckskraft einer Rede unterstützen können.

(Informationsmittel können Sprachbücher sein, aber auch Anleitungen oder Lehrbücher über Redekunst.)

5. Redeanlass

Deine Aufgabe besteht darin, den Ausgangstext als Vorlage für ein Redemanuskript zu verwenden.

Für eine Rede muss auch der Anlass bedacht werden. Vorgegeben sind als Zuhörer die Mitglieder des Jugendgemeinderates. Gehe von folgender Situation aus:
Der Jugendgemeinderat deiner Stadt hat das Thema „Jugendarbeitslosigkeit in unserer Region" auf die Tagesordnung gesetzt und will darüber diskutieren. Die Sitzung ist öffentlich; auch Vertreter von Politik und Wirtschaft sind anwesend. Du bist Mitglied des Gremiums und arbeitest eine Rede als Diskussionsbeitrag aus.

6. Redeaufbau

Eine Rede, wie sie hier verlangt wird, ist ähnlich aufgebaut wie eine Erörterung: Einleitung – Hauptteil – Schluss. Im Mittelpunkt steht die Argumentation. Allerdings kommt noch als besonderer Redeteil die Anrede hinzu.
Du bist nicht gezwungen, deinen Redeaufbau entsprechend genau der Textvorlage zu gestalten; es ist vielleicht sogar notwendig, umzustellen, je nachdem wie du Schwerpunkte setzen, die Argumente steigern und den Höhepunkt herausarbeiten willst.

Anrede	...
Einleitung	*Einführung in das Problem* *Übersicht über die aktuelle Situation*
Hauptteil	*Darstellung der einzelnen Argumente* *Überleitung zwischen den Argumenten nicht vergessen*
Schluss	*Zusammenfassung und Appell*

7. Partnertaktik

Bei einer Rede hast du es mit Menschen zu tun, die dir zuhören und zuhören wollen. Wichtig ist daher

- die persönliche Ansprache der Zuhörer,
- die Zuhörer für das Thema zu interessieren,
- Sachlichkeit der Argumentation,
- Verständlichkeit der sprachlichen Formulierungen,
- ...

❖ Formuliere weitere Erwartungen, die die Zuhörer an dich haben können.

Muster
Eine Rede schreiben

Wie auch immer deine Argumente inhaltlich aussehen, das Wichtigste ist, dass du die Zuhörer überzeugst. Dazu müssen die drei Gesichtspunkte bedacht werden:

Zuhörerhinwendung	Verständlichkeit der Argumentation	überzeugende Sprache
– Anrede am Anfang – persönliche Hinwendung während der Rede	– roter Faden bei den Argumenten – steigernde Anordnung – klare Zusammenfassung	– gute Übergänge – rhetorische Figuren

Wie formuliere ich meine Schreibziele?

Deine Schreibziele müssen sich am Ausgangstext und an dem, was du selbst herausgefunden hast, ausrichten. Sie könnten so lauten:

Ich entwerfe auf der Grundlage des Ausgangstexts eine Rede und schreibe dazu das Manuskript.

Ich muss mir über meine Redeabsicht als Sprecher klar werden und meine Meinung beim Entwurf des Manuskripts mit einfließen lassen.

Ich überzeuge die Zuhörer von meiner Meinung; ich argumentiere daher klar, verständlich und sachlich fundiert.

Ich baue in meinen Text rhetorische Figuren ein, um wirksam kommunizieren zu können.

Am Schluss will ich an die Zuhörer appellieren, um ein gemeinsames Vorgehen gegen die Jugendarbeitslosigkeit zu erreichen.

Wie formuliere ich den ersten Satz und wie geht es weiter?

In Abweichung von der Erörterung, wo die Einleitung erst nach der Ausarbeitung des Hauptteils entworfen wird, empfiehlt es sich bei einer Rede, sich zunächst Gedanken über die Adressaten zu machen sowie die Anrede zu formulieren und einen partnertaktisch günstigen Einstieg zu entwerfen.

Die Anrede:

„Sehr geehrte Damen und Herren"
„Liebe Zuhörerinnen und Zuhörer"
„Liebe Kolleginnen und Kollegen"
„Verehrtes Publikum"
„Herr Vorsitzender, liebe Kolleginnen und Kollegen, verehrte Zuhörer"

❖ Welche Anrede eignet sich für deine Redeabsicht? Entwirf selbst eine passende Anrede.

Der Einstieg:

Ein guter Einstieg ist schon der halbe Erfolg und verhindert den gedanklichen Ausstieg des Publikums. Es ist ganz wichtig, am Anfang die Aufmerksamkeit der Zuhörer auf sich zu ziehen und eine persönliche Bindung zu knüpfen. Du kannst das mit einen Zitat erreichen.

Aufgabe mit Lösungshilfen
Eine Rezension schreiben

Gleichfalls eignen sich:

- eine Anekdote
- ein Erlebnis
- eine Pressemitteilung des heutigen Tages
- ein visuelles Hilfsmittel
- eine Frage, auf die eine zustimmende Antwort zu erwarten ist

Wie überarbeite ich meinen Text?

❖ Hast du alle Aspekte der Aufgabenstellung beachtet?
❖ Überprüfe anhand deiner Schreibziele, ob du alles richtig umgesetzt hast.
❖ Denke auch an die Hürden!

Im Einzelnen:

❖ Ist die Argumentation logisch, verständlich und nachvollziehbar?
❖ Sind die verwendeten rhetorischen Mittel dazu tauglich, das Verständnis des Redeinhalts zu erleichtern und die „Überzeugungsarbeit" zu stützen?
❖ Ist die Rede im Gesamten so angelegt, dass sie der Erwartungshaltung des Publikums entspricht?
❖ Prüfe deinen Text auf seine kommunikative Wirksamkeit hin.
❖ Versetze dich in die Rolle eines Zuhörers, der dem Problem anfänglich gleichgültig gegenübersteht, beurteile jede einzelne Passage in Bezug sowohl auf ihre inhaltlichen als auch stilistischen Elemente kritisch.
Ein Rollenwechsel – du als Zuhörer! – ist besonders bei kommunikativ relevanten Texten eine erfolgversprechende Methode, deren „Zielgenauigkeit" zu testen.
❖ Sind die Gedankenketten richtig miteinander verbunden?
❖ Stimmt die Rechtschreibung?

Dein Redeentwurf könnte so gestaltet werden:

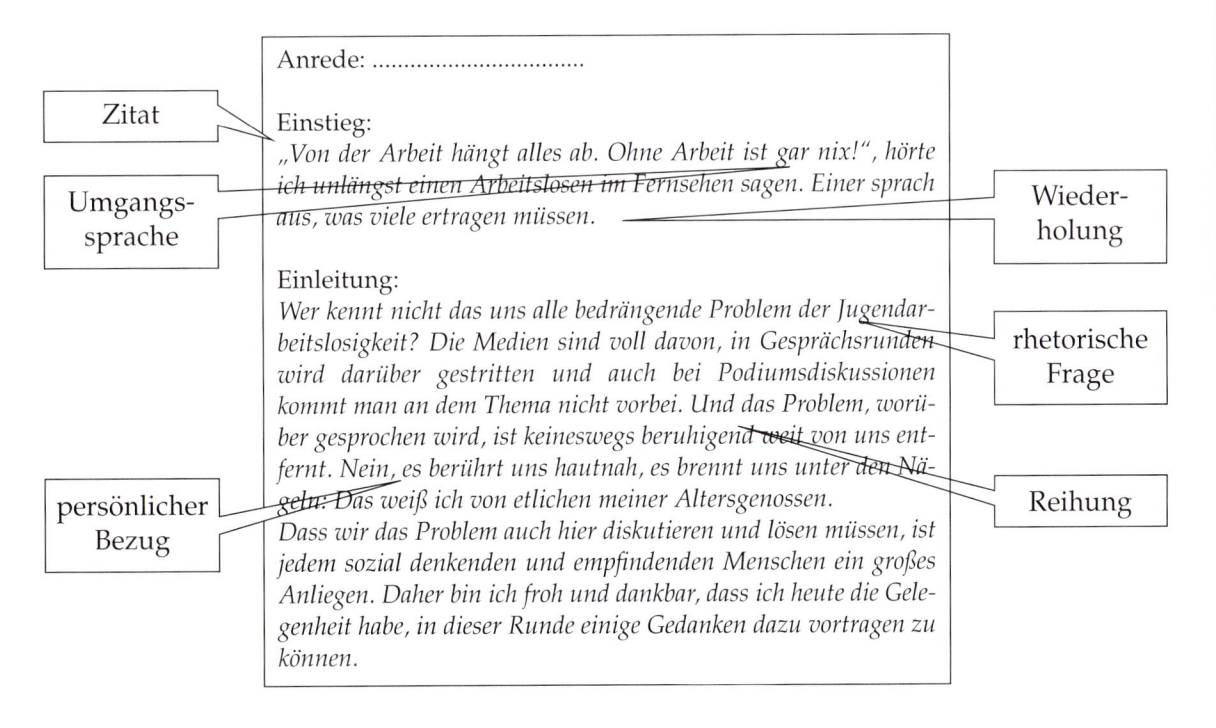

Zitat	Anrede: ....
Umgangssprache	Einstieg: „Von der Arbeit hängt alles ab. Ohne Arbeit ist gar nix!", hörte ich unlängst einen Arbeitslosen im Fernsehen sagen. Einer sprach aus, was viele ertragen müssen.
	Wiederholung
	Einleitung: Wer kennt nicht das uns alle bedrängende Problem der Jugendarbeitslosigkeit? Die Medien sind voll davon, in Gesprächsrunden wird darüber gestritten und auch bei Podiumsdiskussionen kommt man an dem Thema nicht vorbei. Und das Problem, worüber gesprochen wird, ist keineswegs beruhigend weit von uns entfernt. Nein, es berührt uns hautnah, es brennt uns unter den Nägeln. Das weiß ich von etlichen meiner Altersgenossen. Dass wir das Problem auch hier diskutieren und lösen müssen, ist jedem sozial denkenden und empfindenden Menschen ein großes Anliegen. Daher bin ich froh und dankbar, dass ich heute die Gelegenheit habe, in dieser Runde einige Gedanken dazu vortragen zu können.
persönlicher Bezug	rhetorische Frage Reihung

❖ Schreibe eine andere Einleitung.

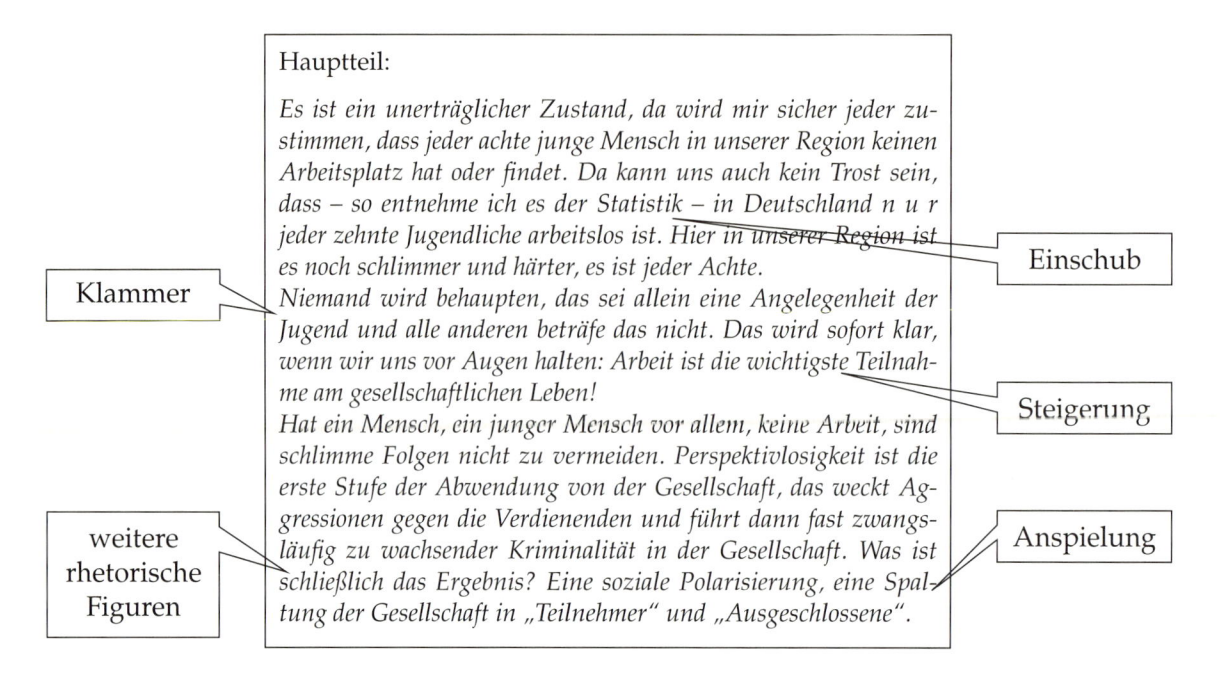

Aufgabe mit Lösungshilfen
Eine Rezension schreiben

Hauptteil:

Es ist ein unerträglicher Zustand, da wird mir sicher jeder zustimmen, dass jeder achte junge Mensch in unserer Region keinen Arbeitsplatz hat oder findet. Da kann uns auch kein Trost sein, dass – so entnehme ich es der Statistik – in Deutschland n u r jeder zehnte Jugendliche arbeitslos ist. Hier in unserer Region ist es noch schlimmer und härter, es ist jeder Achte.

Niemand wird behaupten, das sei allein eine Angelegenheit der Jugend und alle anderen beträfe das nicht. Das wird sofort klar, wenn wir uns vor Augen halten: Arbeit ist die wichtigste Teilnahme am gesellschaftlichen Leben!

Hat ein Mensch, ein junger Mensch vor allem, keine Arbeit, sind schlimme Folgen nicht zu vermeiden. Perspektivlosigkeit ist die erste Stufe der Abwendung von der Gesellschaft, das weckt Aggressionen gegen die Verdienenden und führt dann fast zwangsläufig zu wachsender Kriminalität in der Gesellschaft. Was ist schließlich das Ergebnis? Eine soziale Polarisierung, eine Spaltung der Gesellschaft in „Teilnehmer" und „Ausgeschlossene".

Klammer — Einschub — Steigerung — weitere rhetorische Figuren — Anspielung

❖ Schreibe weiter.

Hans Moravec: Die Roboter werden uns überholen

Die Entwicklung der Computer hat alle frühen Prognosen weit hinter sich gelassen. Sie können nicht nur viel mehr Dinge weitaus schneller tun, als die Experten sich das hätten träumen lassen; sie werden auch zunehmend zum allgegenwärtigen Bestandteil unseres Lebens. Inzwischen sagen fähige Fachleute voraus, dass schon bald leistungsstarke Computerchips wie selbstverständlich in unseren Elektrogeräten, Wohnungen, Kleidern, ja selbst in unserem Körper stecken werden.

Nur in einem Punkt ist die Entwicklung merkwürdigerweise weit hinter den Prognosen der Fünfzigerjahre zurückgeblieben: in der Robotik. Die frühen Computerfachleute waren so beeindruckt von der wundersamen Rechenfähigkeit ihrer Geräte, dass sie glaubten, zu einem weitgehend autonomen, hochleistungsfähigen Computer mit menschenähnlicher Gestalt fehle nur noch die richtige Software. In zehn bis zwanzig Jahren würden automatisierte dienstbare Geister Böden schrubben, Rasen mähen und uns überhaupt alle lästigen Arbeiten abnehmen.

Das ist offensichtlich nicht eingetroffen. Gewiss, Industrieroboter spielen in der Produktion von Autos und anderen Gütern inzwischen eine wesentliche Rolle. Aber die sind weit entfernt von dem, was so viele Forscher und Ingenieure sich erträumt hatten. Eine ganze Generation von Wissenschaftlern hat dieses hochgesteckte Ziel frustriert aufgegeben; ungezählte Firmenneugründungen sind gescheitert. Die Mechanik des „Körpers" war nicht das Problem. Die Industrieroboter belegen, dass funktionierende Gelenke und andere Bewegungsmechanismen konstruierbar sind. Es fehlt vielmehr am „Gehirn".

Den bisherigen Misserfolgen zum Trotz bin ich davon überzeugt, dass der jahrzehnte alte Traum eines autonomen Allzweckroboters in nicht allzu ferner Zukunft wahr werden wird. Bis zum Jahre 2010 wird es menschengroße, mobile Roboter geben, wenn auch nur mit den geistigen Fähigkeiten einer Eidechse. Immerhin werden sie einfache Dinge tun können wie Böden putzen, abstauben, Pakete befördern oder Müll wegbringen. Bis zum Jahre 2040 werden wir dann, so denke ich, das große, auch in der Sciencefiction viel besungene Ziel erreicht haben: eine frei bewegliche Maschine mit den geistigen Fähigkeiten eines menschlichen Wesens.

Wie komme ich zu diesem Optimismus, in krassem Widerspruch zur bisherigen Entwicklung? Zum einen durch die neuesten Fortschritte in Hard- und Software; zum anderen durch meine eigenen Beobachtungen in den letzten dreißig Jahren bei Robotern und Computern, bei Insekten, Reptilien und anderen Lebewesen.

Der wichtigste Grund für meinen Optimismus ist der rasante Anstieg in der Rechenleistung kommerzieller Computer. Die Geräte, die den Robotikern in den Siebziger- und Achtzigerjahren zur Verfügung standen, konnten etwa eine Million Instruktionen pro Sekunde (MIPS) ausführen; eine Instruktion ist ein sehr elementarer Arbeitsschritt, etwa zwei zehnstellige Zahlen zu addieren oder ein Ergebnis an einem bestimmten Platz abzuspeichern.

Während raumfüllende Superrechner schon längere Zeit weit höhere Leistungen erbringen, haben Geräte mit robotergeeigneten Ausmaßen erst in den Neunzigerjahren aufgeholt. In rascher Folge durchbrachen sie die Barriere von 10, dann von 100 und schließlich 1000 MIPS. Auch um den Preis muss man sich inzwischen weniger Sorgen machen: Der kleine Laptop-Computer von Apple, auf dem ich diesen Artikel geschrieben habe, schafft bereits über 500 MIPS und hat nur noch 1600 Dollar gekostet. Damit rücken Anwendungen für Roboter, die noch in den Siebziger- und Achtzigerjahren völlig illusorisch waren, auch kommerziell in greifbare Nähe.

Ein Beispiel: Im Oktober 1995 durchquerte das an unserem Institut gebaute experimentelle Fahrzeug Navlab V die Vereinigten Staaten von Küste zu Küste, von der Hauptstadt Washington bis nach San Diego in Kalifornien. Mehr als 95 Prozent der Zeit lenkte es sich selbst mithilfe eines Navigationssystems. Dessen „Gehirn" bestand aus einem Laptop mit einem Mikrochip von Sun Microsystems, der eine Leistung von 25 MIPS erbrachte. Ähnliche Roboterfahrzeuge, konstruiert von Forschern in den USA und Deutschland, haben bereits mehrere tausend Straßenkilometer hinter sich gebracht unter allen erdenklichen Wetter- und Verkehrsbedingungen.

Andere Projekte hatten in den letzten Jahren gleichfalls Erfolge zu verzeichnen. Mittlerweile verschaffen sich mobile Roboter ein Bild von bislang unbekannten Büroräumen und bewegen sich fortan problemlos darin; Bildverarbeitungssysteme können auch Gegenstände mit kompliziert strukturierten Oberflächen lokalisieren, individuelle Gesichter erkennen und ihrer Bewegung in Echtzeit folgen; Erkennen von Handschrift und gesprochener Sprache gelingt bereits mit einem PC.

Aber wenn es ums Erkennen bekannter Gesichter oder Gegenstände oder ums Zurechtfinden im Gelände geht, sind Computer dem Menschen noch weit unterlegen, trotz ihrer um vieles größeren Rechenfähigkeiten. Diese Diskrepanz ist aus unserer Evolution leicht zu erklären: Unser Gehirn ist eben nicht in erster Linie eine universelle Maschine im Sinne der Informatik, sondern eine sehr spezialisierte. Für unsere frühen Vorfahren waren gewisse Fähigkeiten überlebenswichtig: Nahrung zu finden, Raubtieren zu entkommen, sich fortzupflanzen und die eigenen Nachkommen zu schützen. Für diese Zwecke sind Fähigkeiten zum Erkennen und Zurechtfinden äußerst hilfreich, die Fähigkeit mathematische Gleichungen zu lösen dagegen weniger.

[…]

Für die Robotiker geht es also darum, einen üblichen Allzweckcomputer so zu programmieren, dass er die Leistungen des Gehirns dort erreicht, wo dieses seine in langer Evolution erworbene Stärken hat. Heutige Computer sind zweifellos noch nicht so weit; aber das ist nur noch eine Frage der Zeit. […]

Unterstellen wir einmal, dass Computer bei ausreichender Rechenleistung tatsächlich den menschlichen Geist simulieren können: Wie viel Rechenleistung müsste es denn sein? Nehmen wir für eine grobe Hochrechnung einen besonders gut erforschten Teil des Gehirns: die Netzhaut im Augenhintergrund. Sie ist einen halben Millimeter dick, rund zwei Zentimeter breit und besteht zum größten Teil aus licht-

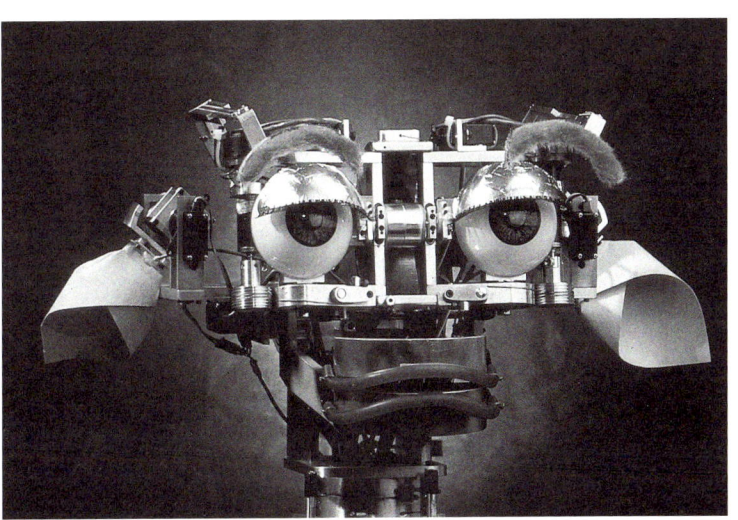

© Peter Menzel/Agentur Focus

102 | Aufgabe mit Lösungshilfen
Eine Rezension schreiben

empfindlichen Zellen. Ein Zehntelmillimeter ihrer Dicke jedoch besteht aus bildverarbeitenden neuronalen Schaltkreisen, die innerhalb eines kleinen Bildsegments Kanten – Grenzen zwischen Hell und Dunkel – sowie Bewegungen registrieren können. Es gibt ungefähr eine Million dieser Schaltkreise; jeder von ihnen ist mit einer Faser des Sehnervs verbunden und arbeitet mit einer zeitlichen Auflösung von etwa einer Zehntelsekunde.

Aus der langjährigen Erfahrung mit optischen Systemen bei Robotern weiß ich, das ein vergleichbarer Akt des Erfassens von Kanten und Bewegungen, gut programmiert, mindestens hundert elementare Instruktionen erfordert. Für die Leistung der Netzhaut mit ihren zehn Millionen Wahrnehmungen pro Sekunde bräuchte man also mindestens 1000 MIPS. Extrapoliert man vom Nervenanteil der Netzhaut auf das 75 000-mal so schwere Gehirn, kommt man, großzügig aufgerundet, auf eine Rechenleistung von 100 Millionen MIPS (100 Billionen Instruktionen pro Sekunde); das ist ungefähr eine Million mal so viel wie die Leistung eines modernen PC. Anders ausgedrückt: Ein PC bringt so viel Rechenleistung wie anderthalb Milligramm Nervengewebe. Das ist die Leistungsklasse mancher Insekten, aber noch weit unterhalb der menschlichen Netzhaut oder eines 0,1 Gramm schweren Goldfischgehirns. [...]

Der Faktor von einer Million ist jedoch längst nicht so unüberwindlich, wie es zunächst den Anschein hat. Wenn das derzeitige Entwicklungstempo in der Computerhardware anhält, dann wird es nur dreißig oder vierzig Jahre dauern, bis die Lücke geschlossen ist. Zudem braucht ein Roboter, um nützlich zu sein, sicherlich nicht die ganze Leistungsfähigkeit eines menschlichen Gehirns. [...]

(Aus: Hans Moravec, Die Roboter werden uns überholen, in: Spektrum der Wissenschaft Spezial: Forschung im 21. Jahrhundert, 1/2000, S. 72)

Aufgabe Schreibe eine Rezension zu dem Text von Hans Moravec. Der Text erschien 2000 in der Zeitschrift „Spektrum der Wissenschaft Spezial". Deine Rezension soll durch eine sachkundige Darstellung über die Möglichkeiten der Robotik in der Zukunft Auskunft geben sowie beim Leser für das Thema Interesse wecken. Die Rezension soll in der Schülerzeitung abgedruckt werden.

Worauf zielt die Aufgabe?

- ❖ Unterstreiche die Schlüsselwörter der Aufgabenstellung.

- ❖ Mache dich mit dem Inhalt des Textes vertraut und gib ihn in knappen Worten wieder.

- ❖ Setze den Ausgangstext in Beziehung zu dem von dir zu schreibenden Text.

Beim Ausgangstext handelt es sich um einen journalistischen, argumentierenden Text. Du musst einen Text über diesen Text schreiben. Verschaffe dir zunächst Klarheit über die Bedeutung des Begriffs ➤ Rezension.

- ❖ Gib deine Aufgabe in knappen Worten wieder.

Aufgabenlösung teilweise wie in der Mustereinheit (Wiedergabe von Argumenten; Interesse wecken für Leser). Eine Rezension muss aber auch eine Bewertung des Ausgangstextes enthalten.

Aufgabe mit Lösungshilfen
Eine Rezension schreiben | **103**

Meine Werkzeuge für die Aufgabenstellung	
Kernbegriffe und Aspekte	Argumentaufbau
Nachvollziehbarkeit	Rhetorische Mittel
Schreibanlass	Textaufbau
Autorintention	

- Nimm die Schlüsselbegriffe der Themenstellung und setze sie zu deinem Wissen über Argumentieren und Rezensieren in Beziehung.
- Setze an die Stelle von Redeanlass und Redeaufbau: Schreibanlass und Textaufbau (Aufbau einer Rezension).
- Statt Partnertaktik musst du dich hier mit der Autorintention auseinandersetzen.

Aufgabenlösung im Großen und Ganzen wie in der Mustereinheit, wenn du die oben beschriebenen Veränderungen vornimmst. Erkläre!

Was erfahre ich im vorliegenden Text für die Aufgabenstellung?

1. Kernbegriffe und Aspekte

Mache dich mit der Sache vertraut. Du kannst dies mithilfe einer tabellarischen Zusammenstellung tun, die dir den nötigen Überblick verschafft.

- Sammle die Kernbegriffe und Aspekte, die im Text von Hans Moravec enthalten sind.

2. Argumentaufbau

- Stelle die von Moravec formulierten Thesen heraus und ordne ihnen Fakten (Belege) zu.

Thesen	Fakten/Belege
…	…
…	…
Bis zum Jahr 2040 wird es frei bewegliche Maschinen mit den Fähigkeiten eines menschlichen Wesens geben.	– neueste Fortschritte in Hard- und Software – eigene Beobachtungen in den letzten 30 Jahren – rasanter Anstieg in der Rechenleistung kommerzieller Computer
…	…

- Bearbeite den gesamten Text in gleicher Weise.

3. Nachvollziehbarkeit

Um den roten Faden, der sich durch die Argumentation zieht, zu erkennen, solltest du dir einen Überblick über den Argumentationszusammenhang des Textes verschaffen.

- Erstelle eine Gliederung des Textes und ordne den Hauptaspekten die wichtigsten Argumente zu.

Aufgabenlösung im Großen und Ganzen wie in der Mustereinheit. Hier solltest du das Gewicht besonders auf die Wiedergabe des Argumentationszusammenhangs legen.

4. Rhetorische Mittel

❖ Überprüfe im Text, ob er rhetorische Figuren enthält, die du weiter verwenden kannst.

Gegensatz	…
Steigerung	…
Rhetorische Frage	…
…	…

❖ Fahre in gleicher Weise fort.

❖ Ergänze des Weiteren solche rhetorischen Figuren, die besonders bei der schriftlichen Kommunikation wirksam werden.

Aufgabenlösung im Großen und Ganzen wie in der Mustereinheit.

5. und 6. Schreibanlass und Textaufbau

Bei Moravec handelt es sich um einen Aufsatz in einer Zeitschrift, der Ausgangspunkt für deine Rezension sein wird. Ein besonderer Schreibanlass ist nicht erkennbar. Der Textaufbau ist von der Sachentwicklung her bestimmt.

7. ▶ Autorintention

❖ Überlege: Informiert Moravec nur oder verfolgt er eine bestimmte Absicht mit seinem Text?

Ideen und Überlegungen für meinen Text

1. Kernbegriffe und Aspekte

❖ Musst du bei einer Rezension neue Aspekte suchen? Denke daran, dass eine Rezension zwei Teile hat:
– einen darstellend-berichtenden,
– einen wertenden.

2. Argumentaufbau und 3. Nachvollziehbarkeit

❖ Hier kannst du dieselbe Frage stellen wie unter 1. Kernbegriffe und Aspekte. Warum?

4. Rhetorische Mittel

Die Themenstellung verlangt von dir, dass du dir rhetorische Mittel überlegst, die geeignet sind, um die Leser für die Thematik (Robotik) zu interessieren. Verwechsle das nicht damit, dass sie sich für die Robotik begeistern müssen.

5. Schreibanlass

Eine Rezension wird im Allgemeinen nicht mündlich vorgetragen, sondern erscheint schriftlich. Daher ist der Schreibanlass zu beachten und der Text entsprechend zu gestalten. Gehe von folgender Situation aus: Du schreibst in der Schülerzeitung regelmäßig Artikel; in der nächsten Ausgabe ist die Zukunftsforschung dein Thema, genauer: die Robotik. Die Form deines Beitrags soll eine Rezension sein; als Grundlage bzw. als Ausgangstext dafür dient der Text von Hans Moravec.

6. Textaufbau

Hier kannst du die Erörterung als Vorbild-Schema heranziehen, allerdings die wertende Erörterung, denn du musst außer dem sachlich geprägten Nachvollzug der Aussagen des Autors eine Bewertung des Textgehalts insgesamt vornehmen. Dabei spielen das Abwägen der Argumente und das Abschätzen der vorausgesagten technischen Möglichkeiten eine große Rolle.

❖ Entwirf ein Gliederungsschema entsprechend einer wertenden Erörterung.

Es könnte so aussehen:

Einleitung:	– ...
Hauptteil:	– Wiedergabe der Argumente des Ausgangstextes (Textinhalt, Textbezüge) – Darstellen der Zukunftschancen der Robotik – Bedenken gegen die Robotik-Entwicklung
Schluss:	– ...

❖ Überlege dir, wie du die Teile des Hauptteils ausführen würdest.

7. Autorintention

Beim Schreibaufbau kannst du dich im Hauptteil von der Darstellung der Gedanken von Moravec leiten lassen. Du brauchst aber auch eine Einleitung, in der deutlich wird, warum du die Rezension schreibst, indem du zum Beispiel auf die Bedeutsamkeit des Themas und des Aufsatzes von Moravec hinweist und einen Schluss, in dem du zusammenfasst und selbst Stellung beziehst. Dabei musst du bedenken, ob du dich hinter die Schreibabsicht von Moravec stellen willst. Oder wirst du dich gegen die Robotik aussprechen?
Dazu ist es nötig, dass du dich selbst kundig machst.

In einer Mind-Map kannst du klären:

Was gehört zu einer sachkundigen Darstellung?

Du kannst auf dieselbe Weise die Bedeutsamkeit des gesamten Sachgebiets für dich erschließen.

Aufgabe mit Lösungshilfen
Eine Rezension schreiben

Welche Aspekte hat für mich das Thema Robotik?

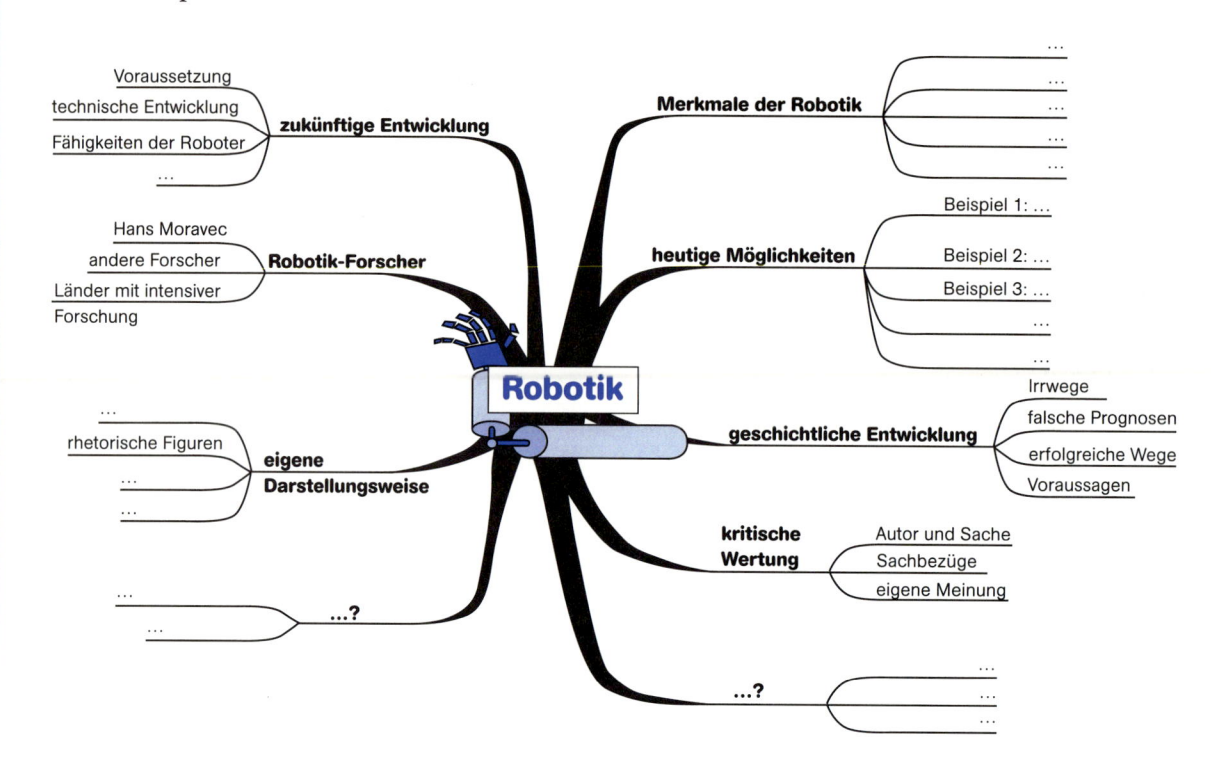

Mind-Map „Robotik":

- **zukünftige Entwicklung**
  - Voraussetzung
  - technische Entwicklung
  - Fähigkeiten der Roboter
  - ...
- **Merkmale der Robotik**
  - ...
- **Robotik-Forscher**
  - Hans Moravec
  - andere Forscher
  - Länder mit intensiver Forschung
- **heutige Möglichkeiten**
  - Beispiel 1: ...
  - Beispiel 2: ...
  - Beispiel 3: ...
  - ...
- **eigene Darstellungsweise**
  - ...
  - rhetorische Figuren
  - ...
  - ...
- **geschichtliche Entwicklung**
  - Irrwege
  - falsche Prognosen
  - erfolgreiche Wege
  - Voraussagen
- **kritische Wertung**
  - Autor und Sache
  - Sachbezüge
  - eigene Meinung
- **...?**
- **...?**

Wie formuliere ich meine Schreibziele?

Deine Schreibziele müssen sich am Ausgangstext und an dem, was du selbst herausgefunden hast, ausrichten.

Ich schreibe eine Rezension zu dem Artikel über Robotik.

Ich informiere die Leser unserer Schülerzeitung über das Sachgebiet der Robotik und wecke ihr Interesse darüber mehr zu lesen.

Ich beachte beim Schreiben die stilistischen Aspekte des Berichtens und Referierens.

Ich arbeite in meinen Text die geeigneten rhetorischen Figuren ein, um den Lesern einen besseren Zugang zum Sachgebiet zu ermöglichen.

Meine Bewertung und Lese-Empfehlung muss stichhaltig und überzeugend sein.

Aufgabenlösung im Allgemeinen wie in der Mustereinheit. Warum?

Wie formuliere ich den ersten Satz und wie geht es weiter?

Hans Moravec hat in der Zeitschrift „Spektrum der Wissenschaft" einen interessanten Artikel veröffentlicht, in dem er ...

❖ Schreibe die Einleitung zu Ende und setze den Text fort.

Aufgabenlösung im Allgemeinen wie in der Mustereinheit.

Aufgabe mit Lösungshilfen
Eine Rezension schreiben | **107**

Wie überarbeite ich meinen Text?

❖ Hast du alle Aspekte der Aufgabenstellung beachtet?

❖ Kontrolliere deinen Text und prüfe, ob du alle Schreibziele richtig umgesetzt hast: Sind die Sachzusammenhänge so dargestellt, dass der Leser/die Leserin Informationen daraus entnehmen kann?

  ❖ Habe ich sachgerecht über die Inhaltszusammenhänge berichtet?

  ❖ Ist es mir gelungen, den Leser/die Leserin durch die Lektüre meiner Rezension an das Sachgebiet heranzuführen und zur weiteren Beschäftigung damit zu animieren?

  ❖ Habe ich solche rhetorische Figuren verwendet, die die Bedeutsamkeit des Themas verdeutlichen und meine Wertung überzeugend erscheinen lassen?

  ❖ Habe ich in der kritischen Analyse des Ausgangstextes ausgewogen und nachvollziehbar argumentiert?

Weitere Aufgaben

Einen Diskussionsbeitrag schreiben

Christian J. Krause: Über das Klonen von Menschen

Text aus: Christian J. Krause, Über das Klonen von Menschen, Schülerreferat aus dem Internet (http://www.unki.de/schulcd/bio/klonen.htm)

Aufgabe Wähle aus dem Problemkreis „Genetik" den Aspekt „Über das Klonen von Menschen" aus und schreibe dazu einen Diskussionsbeitrag.

☞ Kleine Hinweise und Hilfen:

- **Argumentieren; Argumente aufbauen; Kernbegriffe bestimmen:**
  Stelle Überlegungen zum Gedankenzusammenhang des Textes an; arbeite den „roten Faden" heraus; achte auf die sachliche Richtigkeit der Argumentation.
- **Rhetorische Mittel; rhetorische Figuren:**
  Plane die kommunikativ wirksamsten rhetorischen Mittel in deinen schriftlichen Entwurf ein.
- **Partnertaktik:**
  Gehe von der Zusammensetzung der Diskussionsrunde und der Zuhörerschaft aus und stelle dich auf deren Erwartungen und Interessen ein; gestalte dementsprechend die sprachliche Form deines Diskussionsbeitrags.

Einen Kommentar schreiben

Hilde Domin: Zivilcourage: ein Fremdwort

Text aus: Walter Schunk (Hrsg.): Anstiftung zur Zivilcourage, Herder Verlag, Freiburg 1963, S. 113ff.

Aufgabe Schreibe einen Kommentar zu dem Text „Zivilcourage: ein Fremdwort" von Hilde Domin.

☞ Kleine Hinweise und Hilfen:

- **Argumentieren, Argumente aufbauen; Kernbegriffe bestimmen:**
  Mache dich mit der Argumentation der Autorin vertraut; achte auf den „roten Faden" ihrer Darlegung.
- **Rhetorische Mittel, rhetorische Figuren:**
  Gestalte deinen Text mit den der Schreibsituation und den Erwartungen der Leserschaft angemessenen rhetorischen Mitteln.
- **Eigene Meinung/Autorintention:**
  Ähnlich wie bei der Rezension ist dein eigener Standpunkt zum Problem selbst wichtig.

3. Zum Nachschlagen: Glossar

3.1 ▷ Wissenswertes zum Schreiben

Argumentaufbau

Behauptungen (Thesen) kann jeder aufstellen; überzeugend sind sie erst, wenn sie begründet werden. Eine Argumentation besteht daher aus einer Behauptung, die man sich als Antwort auf eine Frage vorstellen kann, die mit Argumenten abgesichert wird. *Das ist so, weil ...* Auch diese Aussagen müssen vielleicht noch einmal abgestützt werden. Dies geschieht durch Belege, das sind unbestreitbare, allgemein anerkannte Fakten.

Wir haben also:

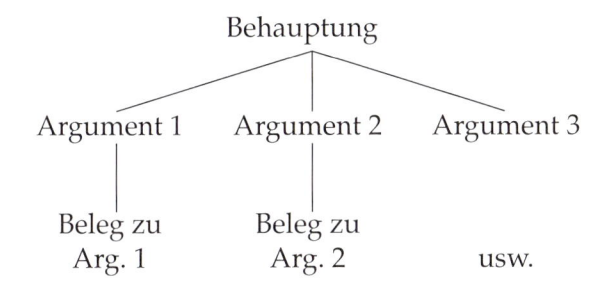

```
                 Behauptung
                /    |     \
        Argument 1  Argument 2  Argument 3
            |           |
        Beleg zu    Beleg zu
         Arg. 1      Arg. 2          usw.
```

Argumentieren

Eine berühmte Definition von Argumentation lautet so: „In einer Argumentation wird etwas Fragliches durch etwas Gültiges in etwas Gültiges übergeführt." Das bedeutet: Eine Argumentation hat immer eine Ausgangsfrage, die beantwortet werden muss. Als Antwort wird eine Aussage gegeben, die durch Argumente begründet werden muss. Argumente selbst sind wiederum aufgebaut aus einer These und Belegen für die These (▷ Argumentaufbau). Das sind anerkannte („gültige") Fakten. Eine gute Argumentation überzeugt. Dazu sind ▶ rhetorische Figuren brauchbar. Hilfreich ist auch ein geeigneter Argumentationsaufbau. Es ist geschickt, wenn zuerst die weniger überzeugenden Argumente vorgebracht werden und dann die überzeugenderen, sodass sich insgesamt eine Steigerung ergibt.

Brainstorming

ist eine Methode, alle Gedanken, die dir zu einem Ausgangswort, -satz einfallen, zu sammeln. Typisch für das Brainstorming ist, dass ohne lange darüber nachzudenken, alles aufgeschrieben wird, was einem zu einem bestimmten Ausgangsbegriff oder -satz einfällt. Erst nach der Ideensammelphase solltest du die Einfälle bewerten (▷ Cluster, ▷ Mind-Map).

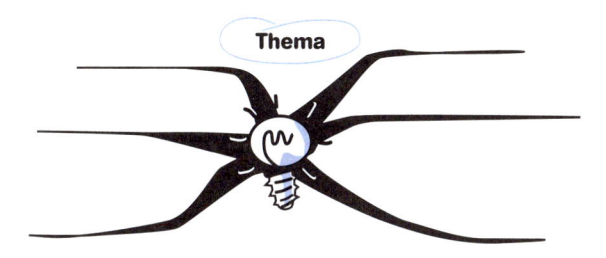

Cluster

Ein Cluster beginnt mit einem Ausgangsbegriff oder einer -frage. Sie wird in die Mitte eines leeren Blattes Papier geschrieben. Um diesen Ausgangspunkt ziehst du einen Rahmen. Jetzt schreibst du alle Einfälle rasch um den Ausgangspunkt herum auf. Soweit gleicht das Cluster einem ▷ Brainstorming. Der Unterschied besteht darin, dass alle Einfälle, die sich aufeinander beziehen, mit einer Linie verbunden werden. Auf diese Art und Weise bekommst du eine erste Struktur. Wenn du unter ▷ Mind-Map nachliest, wirst du sehen, dass das Cluster ein Zwischenschritt zwischen Brainstorming und Mind-Map ist.

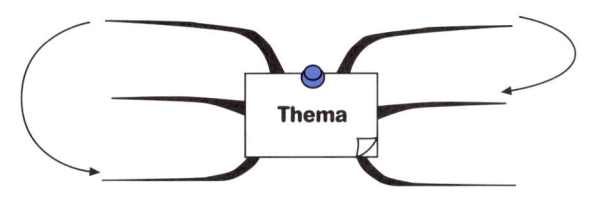

Drauflosschreiben

Manchmal spricht man von der Angst vor dem leeren Blatt, davor, den ersten Satz hinzuschreiben. Hier hilft dann nur Probieren. In einem zweiten Schritt solltest du dann die verschiedenen Möglichkeiten, die dir eingefallen sind, mit Blick auf deine Schreibziele bewerten. Wir empfehlen vor allem beim ersten Satz das Drauflosschreiben, weil es zeitsparend ist und schnell zu einem Erfolg führt. Der Surrealist André Breton hat „Drauflosschreiben" (écriture automatique) sogar zu einer eigenen Kunst gemacht.

Fragemethode

Unter allen Methoden die häufigste, denn wer etwas nicht weiß, sollte eine Frage stellen. Das

Problem besteht häufig darin, dass man nicht weiß, welche Frage genau zu stellen ist. Eure Fragen sollten auch nicht zu allgemein sein (etwa „Wie soll das gehen?"). Fragen empfehlen sich dann, wenn man bereits Informationen hat und weitere wissen will.

Gliederung (Gliederungsschema)

Ein Text braucht eine Gliederung. Eine bekannte Gliederung ist die in *Einleitung – Hauptteil – Schluss*. Im Text zeigt sich eine Gliederung durch einen neuen Absatz, der mit einer neuen Zeile beginnt. Gliederungen sind oft durchnummeriert: 1. 1.1 – 2. 2.1 2.1.1 – 3 … Die Zahlen erscheinen oft nur im Inhaltsverzeichnis. In diesem Heft erscheinen sie im Inhaltsverzeichnis und im laufenden Text. Gliederungen sind auch ▷ Mind-Maps oder ▷ Cluster; dagegen fehlt einem Brainstorming noch jede Gliederung. Man kann sagen, dass eine Gliederung die Ordnung der Gedanken ist.

Mind-Map

Die Mind-Map ist eine besondere grafische Darstellungsform, um Gedanken, Entwürfe oder Tatbestände zu entwickeln und zu strukturieren. Eine Mind-Map macht die Gedankenstruktur klar, indem sie die Zusammenhänge verdeutlicht. Was ist die Ursprungsidee und wie verzweigt sie sich? Daher könnte man auch sagen, Mind-Maps sind geordnete Cluster, die sich in beliebige Tiefen verzweigen. Mind-Maps können in allen Bereichen, wo es um Klärung von Sachverhalten oder um Ideenfindung geht, angewendet werden, da sie nach Belieben zu handhaben sind. Sie fördern die gedankliche Kreativität.

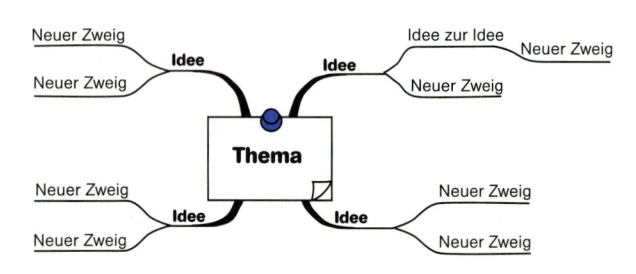

Redeaufbau:

Eine wirkungsvolle ▶ Rede sollte am Anfang die Zuhörer von der Bedeutung und Wichtigkeit des Themas, zu dem die Rede gehalten wird, überzeugen. Die Zuhörer müssen motiviert werden, dem Redner zuzuhören. Dazu dient auch die direkte Ansprache (*Sehr geehrte Damen und Herren, liebe Zuhörer, liebe Mitschüler* …) Für die Rede selbst gilt, dass die Zuhörer den vorgebrachten Inhalten folgen können müssen. Hilfreich sind hier immer Beispiele, die das Gesagte anschaulich machen. Am Schluss sollte das Wichtigste schlaglichtartig zusammengefasst werden.

Schreibplan

Schreiben ist eine komplexe Aufgabe und sollte daher geplant werden. Zum Schreibplan gehört, dass die Aufgabenstellung klar ist, Wissen für die Themenbehandlung aktiviert wird, Ideen für die Aufgabe entwickelt und Ziele gesetzt werden. Beim Schreiben selbst und danach muss überprüft werden, ob man seine Ziele verfolgt. Man kann auch die Ziele beim Schreiben ändern, denn durch das Schreiben kann man klüger werden.

Schreibprozess

nennt man den Ablauf des Schreibens von der Aufgabenstellung über die Ideenfindung, das Schreiben des Textes bis zur Textüberarbeitung.

Tabelle

Eine Tabelle besteht aus Zeilen und Spalten:

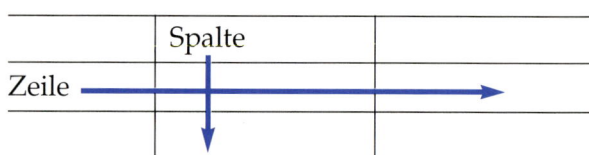

Tabellen eignen sich für die Ordnung von Sachverhalten unter verschiedenen Gesichtspunkten. Es sollte immer eine Überlegung wert sein, wie man eine Tabelle aufbaut: Welches sind die Spaltentitel, welches die Zeilentitel? In das Feld, in dem sich Zeile und Spalte kreuzen kommt dann immer ein ermittelter Wert.

3.2 ▶ Literarische Begriffe

Anekdote

In knappen Worten wird ein merkwürdiger Vorfall oder ein besonderer Charakterzug einer Person umrissen. Eine Anekdote läuft auf eine Zuspitzung hinaus. Anekdoten werden häufig über berühmte Persönlichkeiten erzählt. Die Zuspitzung kann dann ein gewitzter Ausspruch dieser Person sein.

Auktoriale Erzählperspektive

Der auktoriale Erzähler weiß alles. Es steht über dem Geschehen, sozusagen auf einem hohen Berg, von dem herab er die handelnden Figuren beobachtet. Er kennt auch ihre Gedanken und Gefühle, weiß, wohin sie sich entwickeln. Der auktoriale Erzähler kann sich auch mit eigenen Kommentaren und Reflexionen einschalten.

Äußere/innere Handlung

Unter der äußeren Handlung versteht man das vom Autor dargestellte Geschehen: Was passiert? Wer begegnet wem? Wer sagt was zu wem? usw. Unter der inneren Handlung wird das psychische Geschehen verstanden: die Gefühle, Gedanken, die eine Person hat. Häufig stellen Autoren nur die äußere Handlung dar – aber so geschickt, dass die innere Handlung vom Leser erschlossen werden kann. Hemingway und viele andere Kurzgeschichtenschreiber bedienen sich häufig dieser Technik.

Autorintention

Die Meinung und Schreibabsicht eines Autors, die hinter dem Text steht („zwischen den Zeilen lesen") und die der Leser aus dem Sinnzusammenhang erschließen muss, um den Text interpretieren zu können, nennt man Autorintention.

Bericht

Berichte gehören zu den Sachtexten. Der Berichterstatter informiert den Leser ohne Ausschmückungen über die sechs großen Ws: *Wer? Was? Wann? Wo? Wie? Warum?* Die Details müssen stimmen. Eine besondere Form sind Erlebnisberichte, bei denen der Berichterstatter auch seine eigenen Empfindungen einfließen lassen darf. Im Journalismus entspricht dem Erlebnisbericht die Reportage.

Bewusstseinsstrom

nennt man die Assoziationen und Folgen von Bildern, die durch den Kopf ziehen. Erzähler, vor allem moderne Erzähler, geben anstelle einer durchgehenden Handlung oft nur den Bewusstseinsstrom (stream of consciousness) wieder. Der Bewusstseinsstrom ist verwandt mit dem ▶ inneren Monolog.

Brief

Mit einem Brief wendet man sich an eine andere Person, der man schreibt. Schreibort und Schreibzeit werden angegeben, der Briefempfänger wird angesprochen; dafür haben sich ganz bestimmte Formeln herausgebildet: *Sehr geehrter …, Liebe …, Werter …, Verehrte …* Am Schluss steht eine Grußformel: *Mit freundlichen Grüßen, Herzlich! …* und der Name des Schreibers. In der Literatur sind Briefe ein bewährter Kunstgriff, Gefühle, Gedanken, Pläne einer Person offenzulegen. Viele Schriftsteller waren auch hervorragende Briefschreiber.

Drama

In einem Drama wird auf der Bühne eine ▶ Handlung (so lautet die wörtliche Übersetzung des griechischen Wortes) gezeigt. Durch das leibhaftige Auftreten von Personen, die sich in Monologen darstellen und in Dialogen auseinandersetzen, unterscheidet sich das Drama von der ▶ Epik und der ▶ Lyrik, den beiden anderen Hauptgattungen der Literatur. Im klassischen Drama unterscheidet man die Tragödie, in der herausragende ▶ Personen schicksalhaft in Konflikte, die ihre Kräfte übersteigen, verwickelt werden, von der Komödie, dem Lustspiel, in dem sich Konflikte unerwartet und heiter auflösen.

Im modernen Drama, stehen nicht mehr herausragende einzelne Helden im Vordergrund, sondern die Helden sind ganze Gruppen und soziale Schichten („*Die Weber*") oder Anti-Helden wie *Woyzeck* betreten die Bühne. Häufig wird dann der Ausdruck *Schauspiel* gebraucht.

Epik

▶ Erzählung

Er-Perspektive (Er-Form)

Der Erzähler erzählt in der 3. Person. Er ist Betrachter der Geschehnisse, die er erzählt, nimmt aber keinen Anteil an ihnen. Viele ▶ Kurzgeschichten sind in der Er-Perspektive geschrieben.

Erzählung

Erzählungen gehören zur epischen Dichtung. Meistens versteht man darunter Geschichten, die nicht zu umfangreich sind. Umfangreiche Erzählungen sind ▶ Romane. Im Mittelpunkt von Erzählungen stehen Ereignisse, Begebenheiten, die erzählenswert sind. Erzählung wird oft als Überbegriff für ▶ Kurzgeschichten, ▶ Anekdoten; Novellen, Märchen genommen.

Erzählperspektive

Wir unterscheiden drei Erzählperspektiven: Die ▶ Ich-Perspektive, die ▶ Er-Perspektive und die ▶ auktoriale Perspektive.

Erzählte Zeit/Erzählzeit

Die erzählte Zeit ist die Zeit, über die erzählt wird. Sie kann einen großen Zeitraum einnehmen. Die Erzählzeit ist genaugenommen die Zeit, die man für das Erzählen der erzählten Zeit braucht (Dauer des Lesens). Manchmal wird der Begriff aber auch anders verwandt. Dann meint er das Tempus, in dem erzählt wird. Im Normalfall gebraucht man das Präteritum. Wie der Auszug aus *Homo faber* aber zeigt, können auch andere Tempusformen des Verbs in einer Erzählung oder einem Roman auftauchen.

Figuren

nennt man die von einem Autor erdachten, manchmal dem Leben nachgebildeten Charaktere eines literarischen Werkes. In der modernen Dichtung spricht man meistens nur von Figuren und nicht von ▶ Personen. Personen, die eigene Entscheidungen treffen können, gibt es im klassischen ▶ Drama.

Figurenentwicklung

In literarischen Werken entwickelt der Autor häufig eine Figur, indem er darstellt, wie sie sich im Laufe der Zeit und durch äußere und innere Einflüsse verändert.

Groteske

Die Groteske ist eine Erzählform, bei der Komisches (Lächerliches) und grauenerregendes, Lächerliches und Schreckliches nebeneinanderstehen und ineinander verwoben werden. Groteske Texte entstehen vor allem dann, wenn der Glaube an eine heile Welt durch eine veränderte Wirklichkeit schwindet. Grotesken zeichnen sich fast immer auch durch Übertreibungen aus.

Handlung

Das, was sich in einem literarischen Text ereignet, nennt man die Handlung. ▶ Dramen haben immer eine Handlung, erzählende Texte normalerweise dann, wenn sie ▶ Personen/Figuren thematisieren; auch lyrische Texte, z.B. Balladen, können eine Handlung haben. Dagegen haben beispielsweise Naturschilderungen und die meisten Gedichte keine Handlung.

Ich-Perspektive (Ich-Form)

Der Ich-Erzähler schreibt aus seiner Warte (Perspektive) heraus. Er kennt nur seine Gedanken und Gefühle und kann alles andere nur über seine Sicht der Dinge einschätzen.

Innere Handlung

▶ Äußere/innere Handlung

Innerer Monolog

Im inneren Monolog werden die in Wirklichkeit nicht ausgesprochenen Gedanken, Assoziationen und Ahnungen der ▶ Personen/Figuren ausgesprochen. Der innere Monolog steht in der ▶ Ich-Perspektive. Der Leser soll unmittelbaren Anteil an den psychischen Vorgängen der dargestellten Personen/Figuren haben. Angestrebt wird die Wiedergabe der Augenblicksregungen, wie sie im ▶ Bewusstseinsstrom erscheinen.

Ironie

Ironie meint uneigentliches Sprechen. Der Autor sagt etwas, was er so nicht meint. Um den Sinn verstehen zu können, helfen Ironiesignale; beispielsweise die Übertreibung als ▶ rhetorische Figur.

Kurzgeschichte

Der Begriff „Kurzgeschichte" ist eine Übersetzung des amerikanischen Begriffs „short story". Kurzgeschichten sind kurz, sie füllen nur wenige Seiten. Ein Geschehen wird auf engstem Raum zusammengedrängt. Die Kurzgeschichte beginnt unvermittelt, eine Vorgeschichte fehlt, der Schluss ist offen für weitere Fragen. Die Figuren der Kurzgeschichte haben einen allgemeinen Charakter, sie stehen stellvertretend für andere; daher fehlt eine genaue Figurenbeschreibung. Oft werden die Figuren nur allgemein eingeführt: mit dem Personalpronomen, mit einer allgemeinen Kennzeichnung (*der alte Mann, die Eltern*), mit dem Vornamen (*Monika, Marjorie*). Die Kurzgeschichte bemüht sich fast immer um eine sehr realistische Darstellung und versucht mit wenigen Mitteln eine bestimmte Stimmung beim Leser zu erzeugen (Ratlosigkeit, Beklemmung, Erstaunen, Erheiterung), die der Leser über den Text hinaus auflösen muss.

Die Kurzgeschichte hatte ihre größte Blütezeit in Deutschland nach dem Zweiten Weltkrieg. „Unter dem unmittelbaren Eindruck von Not und Verzweiflung fassten aus dem Krieg zurückgekehrte Autoren (Wolfgang Borchert, Heinrich Böll, Wolfdietrich Schnurre) Anklage, Schuld und peinigende Erinnerung in knappe bruchstückhafte Szenen, mit wenigen, wie atemlos hingeworfenen Sätzen." (R. Wildermut: Lese Lexikon, München 1993).

Literarischer Brief
▶ Brief

Partnertaktik
Wer etwas erreichen will, muss sich auf die Erwartungen und Interessenlage des jeweiligen Adressaten einstellen und seinen geschriebenen oder gesprochenen Text entsprechend gestalten. Ziel der partnertaktischen Überlegungen des Schreibers oder Sprechers ist, mit besonderen sprachlichen Mitteln, z. B. ▶ rhetorischen Figuren, Hemmnisse des gegenseitigen Verständnisses zu beseitigen und den Adressaten von seinem Anliegen zu überzeugen.

Personen
▶ Figuren

Perspektive des Schreibens
Geschrieben wird immer aus einer bestimmten Perspektive heraus. Jede Perspektive ermöglicht bestimmte Einsichten und verhindert andere. In der ▶ Ich-Perspektive wird das Geschehen nur aus der Sicht des Handelnden gesehen; in der ▶ Er-Perspektive ist der Autor am Geschehen unbeteiligt. Er gibt es nur wieder. In der ▶ auktorialen Perspektive weiß der Autor alles und steht über dem Geschehen.

Rede
Man sollte zwischen der spontanen, freien Rede und einer vorbereiteten Rede auf der Grundlage eines Redemanuskripts unterscheiden. Auch bei der Letzteren kann es verschiedene Grade der Ausarbeitung geben: Von einem Stichwortzettel oder einer Gliederung bis hin zu einem genau formulierten Text. Ein guter Redner wird aber nie einen Text nur ablesen, sondern immer das Geschriebene in der Rede lebendig werden lassen. Dazu gehört vor allem, dass er mit dem Publikum Augenkontakt aufnimmt.

Rezension
Die wörtliche Übersetzung ins Deutsche lautet: „Musterung". Die Rezension ist eine beurteilende Besprechung eines Textes oder einer Theater- oder Musikaufführung. Es ist also beim Rezensieren sowohl eine Sache darzustellen (das Buch oder die Aufführung) als auch sie zu würdigen, indem eine Wertung abgegeben wird.

Rhetorische Figuren (Rhetorische Mittel)
sind sprachliche Wendungen, die in einen Text eingebaut werden, um zum einen den Redestil auszuschmücken und zum anderen die Wirksamkeit der zu vermittelnden Information zu verstärken. Sie betreffen sowohl die gedankliche Ausarbeitung als auch die sprachliche Formulierung. Rhetorische Figuren sind: *Übertreibung (▶ Satire), gleiche Satzanfänge, Steigerung, sprachliche Bilder wie Metaphern, Symbole, Allegorien ...*

Roman
Den Namen hat der Roman daher, dass mit dieser Bezeichnung ursprünglich nur das gemeint war, was in den romanischen Sprachen geschrieben war. Heute meint man damit die umfangreiche erzählende Dichtung. „Ein Roman ist ein Fluss, der ohne Nebenflüsse nichts werden kann", sagt der große Romanschriftsteller Martin Walser. Romane haben also neben der Haupthandlung Nebenhandlungen.

Sachtext
In nüchterner Sprache werden in meist objektivierender Sichtweise Fakten in einen Gedankenzusammenhang gestellt, um einen Tatbestand, einen Vorgang oder ein Problem – jeweils den inhaltlichen Schwerpunkt des Textes bildend – zu beschreiben oder darzulegen.

Satire
Eine Satire ist wie die ▶ Groteske eine Form des Schreibens, keine Textsorte. Satiren werden als Dramen, als Gedichte, am häufigsten als erzählende Texte geschrieben. Eine Satire übt Kritik; der Spott, den sie ausgießt, ist oft scharf. Satiriker sind meistens Moralisten, die die Welt durch die spöttische Darstellung verbessern wollen. Dazu werden Geschehnisse, Verhaltensweisen oder Personen (z. B. Politiker) aufs Korn genommen.

Schauspiel
▶ Drama

Skizze

Eine Skizze nennt man einen kleinen erzählenden Text, der nicht so ausgearbeitet ist wie eine ▶ Kurzgeschichte. In solchen Texten werden Augenblicke oder Gedanken festgehalten.

Sprache/Stilmittel

Grundsätzlich unterscheidet man zwischen gebundener und freier, ungebundener Sprache. Unter gebundener Sprache versteht man Sprache, die einem Metrum, Rhythmus, Reimschema unterliegt; also ist lyrische Sprache so gut wie immer gebundene Sprache. Ungebundene Sprache kann Alltagssprache sein, wie sie in Sachtexten vorkommt, aber auch gestaltete Sprache, etwa in Dramen oder Romanen.
Stilmittel, die in jeder Sprachverwendung auftreten können, reichern eine Sprache an. Sie werden eingesetzt, um Sprache wirkungsvoll zu machen. Siehe auch unter ▶ Stil; ▶ rhetorische Figuren.

Stil

Die Gesamtheit aller Stilmittel (▶ rhetorische Figuren), so könnte man sagen, ergibt den Stil. Hier sind viele Unterscheidungen möglich: Unter dem *Stil einer Epoche* versteht man, wie zu einer bestimmten Zeit geschrieben wurde; unter *Individualstil*, was ein Einzelner an Stilmitteln gebraucht und was ihn von anderen unterscheidbar macht. Unter einem *Sachstil* versteht man, dass etwas sachlich – in sachlicher Sprache – abgehandelt wird.

Stilmittel

▶ Stil; ▶ rhetorische Figuren.

Stimmung

Durch die Schilderung von Begleitumständen oder der Szenerie eines Geschehens, durch die Art und Weise, wie etwas dargestellt wird, bekommt ein Text eine ganz bestimmte Stimmungslage. Die verfallene Stadt bei Hemingway (*Das Ende von etwas*) lässt eine Abschiedsstimmung aufkommen. Die Schilderung eines Sonnenaufganges an einem Sommertag lässt eine heitere Stimmung aufkommen. Viele Wörter sind mit Stimmungen (Affekten) verbunden.

Tagebucheintrag

Tagebucheinträge sind fast immer subjektiv; sie dienen häufig dazu, sich seine Probleme und Sorgen von der Seele zu schreiben oder seine Freuden und Glücksempfindungen aufzuzeichnen. Mit ihnen kann man ein Ereignis, einen Tag Revue passieren lassen, von einem späteren Zeitpunkt aus noch einmal für das gerade Vergangene nachdenken. Tagebücher helfen einem, sich über seine eigenen Handlungen und die Handlungen anderer klar zu werden.

Zeit

▶ Erzählzeit

Notizen

Notizen

Notizen

Notizen

Notizen

Tandem — Das integrierte Deutschwerk für die Jahrgangsstufen 5–10

Herausgegeben von Jakob Ossner

Erarbeitet von Rita Bartmann, Dieter Berkemer, Martin Binder, Martin Böhnisch, Christoph Bräuer, Jürgen Dornis, Rainer Fröbel, Matthias Granzow-Emden, Florian Graßmann, Henriette Hoppe, Regina Kunz, Christel Metzger, Jakob Ossner, Irene Pieper, Gary Prott, Jutta Walther und Heike Wirthwein

Tandem 1 (Klasse 5)
Schülerband.
335 S., vierfarb., zahlr. Abb., geb.
Best.-Nr. **027120**

Arbeitsheft.
62 S., mit 16 S. Lösungen
vierfarb., DIN A4, geh.
Best.-Nr. **027132**

Lehrerband.
220 S., DIN A4, kart.
Best.-Nr. **027126**

Tandem 2 (Klasse 6)
Schülerband.
335 S., vierfarb., zahlr. Abb., geb.
Best.-Nr. **027121**

Arbeitsheft.
65 S., mit 22 S. Lösungen
vierfarb., DIN A4, geh.
Best.-Nr. **027133**

Lehrerband.
250 S., DIN A4, kart.
Best.-Nr. **027127**

Tandem 3 (Klasse 7)
Schülerband.
311 S., vierfarb., zahlr. Abb., geb.
Best.-Nr. **027122**

Arbeitsheft.
64 S., mit 19 S. Lösungen
vierfarb., DIN A4, geh.
Best.-Nr. **027134**

Lehrerband.
200 S., DIN A4, kart.
Best.-Nr. **027128**

Tandem 4 (Klasse 8)
Schülerband.
322 S., vierfarb., zahlr. Abb., geb.
Best.-Nr. **027123**

Arbeitsheft.
64 S., mit Lösungen
vierfarb., DIN A4, geh.
Best.-Nr. **027135**
In Vorbereitung

Lehrerband.
ca. 200 S., DIN A4, kart.
Best.-Nr. **027129**
In Vorbereitung

Tandem 5 (Klassen 9/10)
Schülerband. Best.-Nr. **027124**
In Vorbereitung

Lehrerband. Best.-Nr. **027130**
In Vorbereitung

Lernsoftware • Salto

Salto 1 (Klassen 5/6)

Windows Einzellizenz, **CD-ROM** Best.-Nr. **062460**

Windows Schullizenz, **CD-ROM** Best.-Nr. **062462**

Salto 2 (Klassen 7/8) *In Vorbereitung*

Windows Einzellizenz, **CD-ROM** Best.-Nr. **062461**

Windows Schullizenz, **CD-ROM** Best.-Nr. **062463**

Systemvoraussetzungen:
Pentium-PC 300 MHz (empfohlen 700 MHz oder höher), 64 MB RAM, 8fach CD-ROM (empfohlen 20fach oder schneller), DirectX kompatible Grafik- und Soundkarte, Windows – 98/ME/NT/2000/XP, ca. 100 MB freier Festplattenspeicher

Fordern Sie unseren Prospekt zur kompletten Reihe an:
Informationen zum Nulltarif ✆ 08 00 / 1 81 87 87

SCHÖNINGH VERLAG
Postfach 2540 · 33055 Paderborn

Schöningh

E-Mail: info@schoeningh.de
Internet: http://www.schoeningh.de